古代日本の文字世界

平川　南【編】
稲岡耕二
犬飼　隆
水野正好
和田　萃

大修館書店

●—— 文字のはじまり

長野県根塚遺跡から出土した、3世紀後半の土器の破片。「大」字とみられる線刻がある。（木島平村教育委員会蔵・婦人之友社提供）　→ p90

三重県片部遺跡から出土した、4世紀初頭の小型丸底土器。口縁部に「田」字の墨書とみられる痕跡がある。（嬉野町教育委員会提供）　→ p12, p102

埼玉県稲荷山古墳から出土した5世紀後半の鉄剣。地方豪族が自ら大和の王に仕えたことを記念して記したものという説と、大和の王から地方豪族へ下賜されたものという説などがある。いずれにしても、日本の国内で文字が政治のために用いられた初期の例。裏面「獲加多支鹵」は雄略天皇を指す。この発見は古代史を大きく塗りかえることになった。(埼玉県立さきたま資料館蔵) → p33, p55, p114

● —— 日本語と文字

ともに奈良県飛鳥池遺跡から出土した7世紀後半から8世紀初めの木簡。(奈良国立文化財研究所提供)

右は字書のような内容の木簡で、大きく書かれた漢字のすぐ下に、小さな字で読みが書かれる。人々が文字を習得しようとした様子を伝える。 → p67, p140

下は助詞「止(と)」が左行のみ小さく書かれた木簡で、日本語表記のあゆみを知る貴重な資料。 → p80, p161

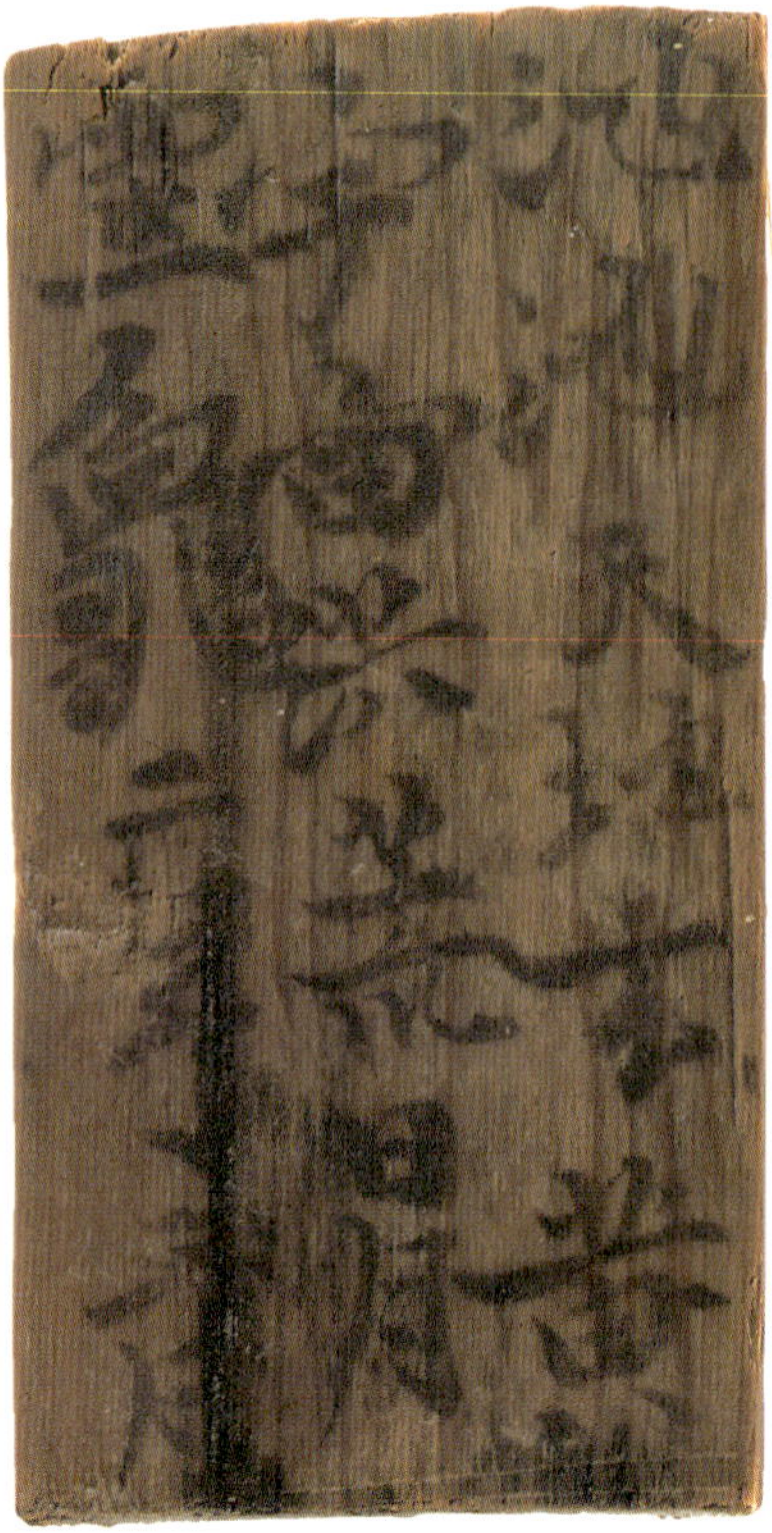

上は平城京跡薬師寺境内から出土した8世紀前半の木簡。『千字文』の冒頭部分などが書かれている。都の官人たちが文字の練習をした跡を伝える。（奈良国立文化財研究所提供）
→ p63

左は長野県屋代遺跡群から出土した8世紀前半の木簡。郡から郷への命令を記したもの。律令制度のなかで、文字は地方へと広まっていった。（長野県埋蔵文化財センター提供）
→ p62, p176

文字の広がり ——●

目次

II

古代日本の文字世界《シンポジウム》 87

本書は、平成十年十一月、大修館書店創業八十周年記念事業として行った左記シンポジウムをもとに構成し、増補加筆したものです。

古代史・考古学・国語学・国文学シンポジウム
「古代日本の文字世界」
平成十年十一月一日（日）
有楽町マリオン・朝日ホール

第一部・基調講演
「日本に文字が来たころ」　水野正好
「木簡から万葉集へ」　犬飼　隆

第二部・シンポジウム
「古代日本の文字世界」
司会：平川　南
パネリスト：稲岡耕二・犬飼　隆
水野正好・和田　萃

主催：大修館書店
後援：朝日新聞社／協賛：ＴＥＳクラブ／協力：ＮＥＣ

古代日本の文字世界

まえがき

平川　南

戦後の古代史・考古学・国語学・国文学に関わる最大の発見は何か、と問われたならば、私は即座に、一九七八年、埼玉県行田市稲荷山《いなりやま》古墳から出土した「辛亥年《しんがいねん》」銘鉄剣であると断言するであろう。鉄剣には鮮やかな金象嵌《きんぞうがん》の一一五文字が刻み込まれていた。

発見当時、七世紀以前に日本で書かれた銘文としては、熊本県玉名市の江田船山《えたふなやま》古墳出土の鉄刀銘と、和歌山県橋本市の隅田八幡宮《すだはちまんぐう》「癸未年《きびねん》（四四三年または五〇三年）」銘人物画像鏡などが知られているだけだった。稲荷山古墳の鉄剣銘は冒頭に「辛亥年（四七一）」と刻まれ、「意富比垝《オホヒコ》」から「乎獲居《ヲワケ》」まで八代の系譜が続き、代々「杖刀人《じょうとうじんの》首」として大王に仕えてきたこと、「乎獲居《ヲワケ》」が「獲加多支鹵《ワカタケル》大王」の統治を助けた記念としてこの剣を作ったという由来が記されていた。一一五文字という文字数もさることながら、この鉄剣銘は文体も整っており、その内容は当時の国内政治の一端が示されている。この鉄剣銘の発見によって〝古代社会と文字のはじまり〟の議論は学界内外で大いに沸騰したのである。

その銘文が持つ歴史資料としての価値は、はかりしれないものがあった。さらに、まだ学問分野間の議論・協業があまり行われていなかった当時、古代史・考古学、そして国語学・国文学の研究者がこぞって議論に参加し、現在の学際的研究の出発となった点においても、この鉄剣の発見は画期的な出来事だったと評してよいであろう。

稲荷山鉄剣発見から十年を経た一九八八年、千葉県市原市稲荷台一号墳から、「王賜」に始まる銀象嵌《ぎんぞうがん》七文字の銘文を持つ鉄剣が出土した。この銘文は古代国家形成期における王からの〝下賜刀〟の典型的文型と考えられる。五世紀半ばという鉄剣の年代から、この銘文は日本で書かれた最古のものとされた。

しかし、その後久しく発見は途絶え、〝古代社会と文字のはじまり〟の問題は人々の話題から消えていた。ところが、二、三年前から突如として新聞紙上に相次いで「日本最古の文字か」という見出しが載りはじめた。報道は、二〜四世紀ごろの土器などに一文字または数文字が記されていたことによる。しかし、これらの一つないし二つの文字は、文章をなしていない点からいえば、やはり文字のはじまりの問題とは一線を画して考えるべきである。中国や朝鮮半島と緊密に交流していた列島各地で、鏡や銅銭などに記された文字が漢字として認識されていたのか、あるいは一種の記号・文様としてとらえられていたのか、それは明らかでないが、未知の文物として日本人に強い印象を与えたのは間違いないだろう。文字を持たなかった日本では、中国と外交関係を結んだ時点ではじめて漢字・漢文による外交文書が作成された。それが日本列島における文字のはじまりといえる。

この点に関して、稲荷山古墳出土の「辛亥年」銘鉄剣が解読された時に故西嶋定生《にしじまさだお》氏は次のように指摘していた。「日本における漢字の受容は、ただ文字という高度の文化が、文字のない文化の低い地域に自然に伝わっていったのではなく、日本の方にそれなりの必要があって取り入れたのに違いない。その必要とは、政治的経済的利益のために中国王朝との関係を継続しようとする政治的行為であった」。

千葉県稲荷台一号墳の「王賜」銘鉄剣の発見によって、私たちは、五世紀半ば、日本列島の中での政治のために、はじめて王権から地方豪族に下賜された鉄剣に銘文が記されたことを知り得た。続く五世紀後半、下賜される側の地方豪族が自ら王権とのつながりを明記したのが、稲荷山古墳出土「辛亥年」銘鉄剣や熊本県江田船山古墳出土の鉄刀に刻まれた銘文である。やがて、文字は次第に地方にひろがり、古代国家の文書による行政が七・八世紀の段階で確立する。——このように理解すれば、日本列島における文字のはじまりとひろがりを一つの流れとして説明できるのではないかと思う。

＊

さて、〝日本の古代の文字のはじまり〟の問題を考えるとき、もう一つ論点がある。それは、中国や朝鮮半島の文字をもう一度考え直さなければ、日本の文字のはじまりの問題は解けてこないのではないか、ということだ。

中国では文字は神様との対話からはじまった。次に各地の豪族が王に忠誠を誓い仕えた由来を、王から褒賞として受けた金属の地金や貨幣で作った青銅器に記した。さらに秦代には、書体を統一し、文字を統治の道具とした。

一方、日本の文字はまず、中国王朝との外交上の必要からはじまり、次に国内政治において、王がその臣下に銘文を刻んだ刀を下賜した。次に、地方豪族が王に仕えた由来を刀剣や鏡に記した。そして文書行政が定着した八世紀ごろから、神に対して土器に食物を盛り、供献するとともに、文字によって自らの願いを神に伝えたのである。このような古代における中国と日本の文字の流れの相違は、文字の生まれた中国とその文字を受容した日本との違いを端的に表わしているといえるであろう。

ところで、〝古代日本の文字世界〟を考える上できわめて重要な資料として、近年出土した七世紀代の木簡などの文字資料が注目される。長野県更埴《こうしょく》市の屋代《やしろ》遺跡群では、六六五年の年紀を持つ木簡から郷里制下にあったといわれる七二〇年代ぐらいまでの木簡が、約一二〇点出土した。また、徳島市の観音寺《かんのんじ》遺跡からは、七世紀前半にまで遡る『論語』の一節を書いた木簡や、七世紀後半から八世紀にかかる時期の木簡が約七〇点出土した。また木簡以外でも、千葉県栄町五斗蒔《ごとまき》瓦窯《がよう》跡から地名を万葉仮名で表記した七世紀後半のヘラ書き瓦が約四〇〇点確認されている。時を同じくして発見された、都における飛鳥池遺跡の七世紀後半の大量の木簡とも連動して、現在七世紀の文字資料が大いに注目されている。

これまでの木簡研究は、八世紀の平城宮出土木簡を中心に進められてきたが、その研究は正倉院文書という同時代資料の研究成果に支えられていた面が大きいといえる。大量の七世紀木簡の登場により、今後の古代の木簡研究は、八世紀木簡研究の成果を七世紀に無批判にあてはめるのではなく、七世紀木簡を総体的に把え、その特性を明確にしていかなければならなくなった。『日本書紀』『古事記』そして『万葉集』、さらに「推古朝遺文《すいこちょういぶん》」と呼ばれるわずかな金石文資料を中心として進められてきた国語学・国文学研究にとって、新出の膨大な出土文字資料は、きわめて貴重な資料群といえよう。

*

こうした現況は、一九七八年の稲荷山鉄剣銘発見当時にも近似している。その意味で、しばらく停滞していた〝日本古代社会における文字のあり方〟というテーマを、古代史・考古学・国語学・国文学の研究者が一堂に会して現状分析をし、各テーマについて意見を交わすことは大きな意義があると考えられる。こうした現況をふまえ、今回シンポジウムを開く運びとなったのだが、参加者として、次の方々にお集まりいただいた。

稲岡耕二《いなおかこうじ》氏は、『万葉集』研究をはじめ、古代文学全般にわたり独自の境地を切り拓いた研究者であり、今回もつとに知られた〝稲岡節〟で貴重な見解を披露していただきたい。

犬飼隆《いぬかいたかし》氏は、国語学の立場から近年、つぎつぎに新見解を発表されており、今回、中国・朝鮮との比較論も展開していただけるものと思う。

水野《みずの》正好《まさよし》氏は、近年の二〜四世紀の土器に書かれた文字資料について中心的役割を果たしておられ、各種の出土文字資料に関して考古学の立場から見解を述べていただきたい。

和田萃《わだあつむ》氏は、稲荷山古墳の鉄剣銘文をはじめ、藤原宮木簡・観音寺木簡などにいたるまで、ほとんどの出土文字資料の解読作業に携わられ、八世紀以前の古代史全般の動向に精通しておられる。

古代において記すべき文字というものを持たなかった日本人が、どのように大陸からの漢字と出合い、どのように自らのものとしていったのか？ 近年、文字の記された鉄剣や土器・木簡などが続々と発掘され、古代史解明への興味は尽きない。文字を知り始めたわれわれの父祖たちの営々たる創意と工夫の跡をたどるシンポジウムである。このシンポジウムを機に、ますます議論が深まっていくことを期待したい。

I

日本人と文字との出会い

1　日本に文字が来たころ
―出土文字が語る古代―
水野正好

2　木簡から万葉集へ
―日本語を書くために―
犬飼　隆

1

日本に文字が来たころ

出土文字が語る古代

水野正好

平城京「文字考古学」ことはじめ

昭和三十八年、今から三十八年前、奈良の都――平城京の発掘調査が始まった。平城京の発掘はそれまでほとんど行われていないし、たまたまの調査も少面積のものばかりである。それだけにこれから始まる発掘調査の成果はまさに興味津々で、どのような文物が出現し、どのような都になるのか、私たちはかたずをのんで進展を見守っていた。

始まってほどなく、大発見があった。奈良国立文化財研究所に入所して間もない田中琢《みがく》さん（前・同研究所所長）が、文字の書かれた薄い反《へぎ》木板を発見したのである。「木簡《もっかん》」の発見第一号であった。彼は喜びにふるえ、「木簡」を持って平城宮内を走り回ったという逸話が残されている。

さて、この板を何と呼ぶかが問題になった。手紙を「書簡」というが、この「簡」とい

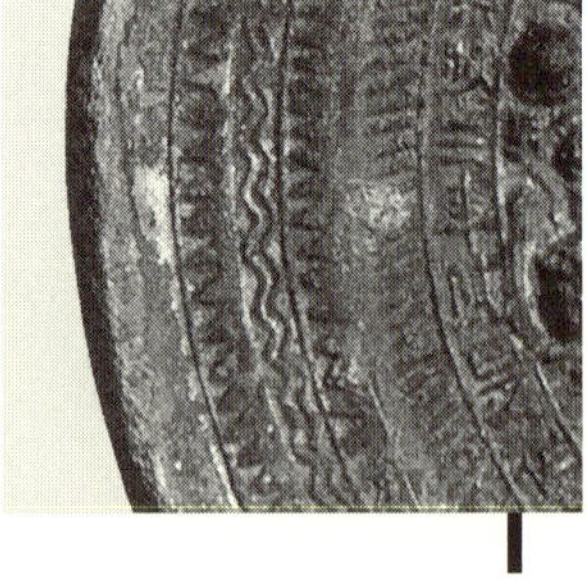

う字には「札」という意味がある。この「簡」の上に「木」を付ければ「木の札」の意味となる。そこで、それから後はこうした文字を記した木札を「木簡」と呼ぶことになった。

この事件は、平城京を中心として日本各地の官衙《かんが》に木簡があるということを、私たちにはじめて予感させた大切な出来事であった。それ以後、平城京の発掘ではくる年もくる年も発見が続き、やがて「木簡学会」まで結成されることになった。発掘のたびごとに、湿り気、水分の多い場所、たとえば水路、堀、溝、庭園苑池といったところから、木簡が次々と見出されるようになるのである。

この木簡のお陰で、平城京の生活や文化・政治・経済の仕組みがよくわかるようになった。たとえば当時、和歌山県の海岸線に沿う村では、塩を作り朝廷に納めることが義務づけられていた。塩を焼く人は、できた塩のうち「調塩」量五斗を納めることが定められていたのだが、この五斗の調塩を入れた俵に木簡を付けるのである。この木簡を私達は、「付札《つけふだ》」「付札木簡」と呼んでいる。たとえば木簡の表に「讃岐国阿野郡日下部犬万呂三斗」、裏に「四年調塩」というように、調塩を出す日下部犬万呂の住所・氏名・調塩量・送付年を書き入れた例がある。税として平城京へ送られた塩三斗は、役所に着くと、この付札によって「誰それの調塩が確かに来た」という確認がされ、その後不要となった札は、集めて捨てられる。捨てた場所を運良くわれわれが発掘すると、この付札、すなわち木簡が大量にみつかる、ということになるわけである。

発掘された木簡を読むと、塩は紀伊国から、鯛は伊勢国から、鉄は美作国《みまさかのくに》から納められるというように、具体的な物流状況がわかる。奈良盆地は今も水気の多い水田が多い。そのため、木製品は泥に漬かって密封され、よく残される。平城京の研究はこのようにして出土してくる木簡を利用できるのが最大の利点である。都の中の生活が具体的にわかり、当時の歴史・風土にいろいろな色付けができるのである。

大阪市には、同じ時代、難波宮《なにわのみや》があった。この難波宮は、残念なことにあまり話題に上がらない。なぜか。難波宮は上町台地の上で営なまれていたので、強く乾燥しており水気が少なく、したがって木簡が残らず、出てくる遺物は瓦と土器が中心、都の様子が平城京ほどつぶさにはわからないのである。

ところで、平城京では、奈良時代最大の貴族、長屋王《ながやおう》の邸宅跡が発掘されている。現在、そごう百貨店が建っているが、この遺跡を掘ったとき、堂々たる建物がいくつも発掘された。しかし、ここが長屋王邸であったことを示すデータは見出されなかった。いくら掘り進んでも長屋王邸宅と断定するデータが出ないのである。やがて現場には新しいデパートの建物も建ちはじめ、工事が進捗していく。居住者を決めることができないままに発掘は最終段階となった。デパート建設はどんどん進み、最後にパワーシャベルで自転車置場用地を掘ることになった。

すると掘られた土の中から、大量の木片が固まりとなって出てきた。みると、木簡がた

▶平城京長屋王邸宅跡における木簡出土状況。断面に多量に見えているのが木簡。（奈良国立文化財研究所提供）

くさん含まれている。「大変なことになった」とその数をかぞえてみると、優に数万点を超す量であった。現在も大変な苦労をされながら毎日のようにその木簡が丁寧に洗われ、その文字を一字ずつ、赤外線テレビに写しつつ読み解いておられるのだが、こうした木簡一点一点を解読するごとに、平城京へどのようなものが運びこまれたのか、どういう事件があったのか、長屋王の生活そのものがどうしたものであったのかがわかってくるのである。

このような木簡に書かれた字句を中心に、奈良時代の考古学はこの四十年間で大きく進歩した。木簡学は同時に、考古学や歴史学、国文学や国語学など、いろいろな分野に大きな影響を与えてきた。書かれた文字をどのように読むのか、どのように訓点を与えていくのか、どのような異体字があるのか、正倉院に残されている多量の字を書いた文書との関係は……とたずねると、実に深い学問的な話題が提供されていることに気づく。またそれらとは別に、土中の木簡は、日々の生活の中に息づくものだという特性があり、直接的に、ダイナミックに生活を物語るという点が大きな特徴である。古代の史料は出つくし、新しい史料が発見されることはほとんど期待できない現状にあって、次々と無尽蔵に出土する木簡は当時のさまざまな情報を引き出す最も大切なデータとなりうるのである。木簡の発掘によって、考古学は学問の世界全体に大きな役割を果たすことができるようになったのである。

さて、発掘現場からみつかる文字資料は、こうした木簡以外にもたくさんある。人々は、紙・木といった材以外にも、鏡や刀剣、墓誌や買地券などの金属製品、土器や石造物などさまざまなものに文字を刻み、書き記してきた。ここでは、考古学の世界で発見され、歴史を塗り替えてきたさまざまな文字資料を紹介しよう。

漢字・漢文伝来の初源を求める

◆「日本で書かれた最古の文字」発見！

平成七年十二月十五日夜、三重県の片部遺跡を調査中だった嬉野《うれしの》町教育委員会の和氣清章《わけきよあき》さんから私宅に電話が入った。興奮の中にも冷静な雰囲気で「田字墨書土器」発見の第一報が伝えられた。翌日、私の勤務する奈良大学へ土器を運び、学長室で小一時間をかけ、発掘状況、土器の年代観、土器に記された字体の確認を終えた。その内容の重要性にかんがみ、検討委員会を設置してそれぞれの委員に見ていただき所見を得るべく手配することになった。

字が書いてある土器は、奈良・平安時代には各地でその例がみられるが、これ程古い時代のものはかつてなかったのである。図版でもわかるように、この土器は小型の壺の口縁上端部分に、「田」という字を書いている。発掘された場所は大きな溝の中、その溝の中にいくつもの堰《せき》がつくられていた。その堰につっかえるかのように一時期に埋まった土器が二十点ほど集中しており、その土器の一点に、この「田」という字が書かれていたのである。筆順から見ても「田」の字と読めるし、筆墨で書いている。これは大変な発見だ、

▶口縁部に「田」字が墨書された三重嬉野町片部遺跡出土の小型丸底土器。四世紀初頭のもの。（嬉野町教育委員会提供）

ということになった。

なぜ大変か。まず第一に、この土器は形やつくりからみて四世紀の初めの土器といえる。同時に出てきた土器と同時期である。とすれば作られてからあまり歳月を経ずこの「田」の字が書かれたことになるわけである。これまでの常識では、この時代には朝鮮半島で書かれた文字がかなり限られた人々の範囲の中で日本にもたらされている、そう考えられていただけに、この発見によって、四世紀の段階に、国内でつくられた土器に国内で文字が書かれている、という新しい事態を迎えることになったのである。

やがて、この資料についての各委員の所見を得、大要の一致をみたので、平成八年一月二十日、嬉野町で報道機関に発表することとした。ところが当日、肉眼ではっきり読みとれる「田」字が、墨によく反応する赤外線カメラで撮ると浮かび上がらない、うつらないというアクシデントがあったが、考古学の資料においてはこうした事態はよくあること、恐らく赤外線の波長範囲外にあるのだろうと註づけした上での発表となった。日本最古――四世紀初頭の「文字」発見であった。

◆日本最古の墨描―墨・筆・硯―

その興奮さめやらぬ平成九年十月十九日、嬉野町の和氣さんは、片部遺跡に近い貝蔵《かいぞう》遺跡で、再び重要な発見を加える。明らかに筆に墨を含ませ「い」の字風に墨書した土器片、朱線をひいた土器片、加えて「人面＝鬼面」を墨描した壺形土器を発見したのである。これらの土器は更に時代を遡る三世紀初頭の土器で、今度は赤外線カメラにも見事に写る。当時の筆墨の世界の饒《にぎ》わいが、確実に見事に甦ったのである。

ところで、現在までに日本で発見されている墨や硯《すずり》は、どこまで遡ることができるだろうか。たとえば、正倉院《しょうそういん》には、東大寺の大仏――盧舎那仏《るしゃなぶつ》の開眼供養《かいげんくよう》をおこなったときに使われた筆墨が残されている。その筆に伴う長い紐も残されているが、これは、大仏開眼にかかわった人々、上は天皇から下は庶人に至るまでがこの紐を手に開眼会に参加したという「開眼縷《かいげんる》」である。こうした文物が残るお陰で、当時の文房具が、どのような形のものであったかがわかる。墨は船形、中央が低く、高い縁が付いている。中国の墨、「唐」の墨ということで「唐墨《からすみ》」と呼ばれている。中国の墨の形がそのまま日本に到来しているのである。

奈良時代には、平城京や各地の国府などで、出産時の後産《あとざん》（出産後排出される胎盤）を処理する際におもしろい習俗がみられた。まず、吉とされる方角から水を汲み、湯屋で血の気がなくなるまでこの後産を丁寧に洗い、その後、清酒でもう一度洗い、その水気を和紙で取る。そして新たな和紙に包み、赤い絹で包む。こうした作業が終わると今度は立派な壺の底に和同開珎《わどうかいちん》という貨幣を東・西・南・北・中央に合計五枚置く。その上に赤い絹で包んだ後産を置き、さらに男の子であれば筆と墨と小刀をそえる。文献の記述で知られていた後産の習俗であるが、その文献どおりに実践した遺跡が平城京で発掘され、唐墨と、竹筆が見つかった。

▶胴部に人面（鬼面）が墨描された、三重県嬉野町貝蔵遺跡出土の壺。三世紀初頭のもの。同遺跡からは、ほかにも墨描土器が発見されている。（嬉野町教育委員会提供）

最近では平城京で、このほかにもかなりの数の筆・墨が発掘されるようになった。正倉院に多量の文書があり、また木簡がたくさんあることから推測されるように、奈良時代には筆墨が多量に使われていたことがわかる。

ところが、硯は、必死の探索にもかかわらず六世紀代に遡るものはほとんどみられない。七世紀初め、聖徳太子在世のころから、ようやくいくつかの例がみられるようになる。奈良県の法隆寺に近い平尾山古墳では三彩の蓋付硯とガラス製の筆管が出土し驚かされたが、これなどは中国から運びこまれたすぐれた筆硯といえるものである。しかし、こうした筆硯が到来する以前、どのような硯が使われていたのだろうか。墨を磨るには「硯」でなくても瓦や土器を硯に転用して使うことができる。現実にそうした例がいくつも知られている。四世紀代の古墳には、朱を磨るための石皿と石杵が副葬されているケースがあるが、朱を墨におきかえると、こうした石皿や石杵を用いて「硯」として使っているケースがみつかるかも知れない。いずれにしても気を付けて探していく必要がある。

また、現在は、硯の上で墨を磨るが、昔は磨石で墨の玉をつぶし、水を加えながら磨っている。当時の墨は小さい粒である。墨のことを「丸《がん》」と数えるのはこのためである。つまり、当時、墨汁を得るためには、磨石、硯、そして墨粒が必要であった。硯や墨が見つからなくても、今後はこういう磨石が見つかるかもしれない。

日本では、今回みつかった墨書・墨描土器の時代——三世紀・四世紀にまで遡るような文房具は、いまだ見つかっていない。しかし、韓国では半島最南端の茶戸里《ちゃどり》遺跡で紀元前一世紀代の筆が六本見つかっている。筆の両端に筆毛をとりつけた両頭筆である。当時、中国にはすでに硯や墨、筆が発達しており、朝鮮半島でもこのように出土例があるのだから、一衣帯水の日本にももたらされたことは間違いないと考えられるが、現段階、日本ではまだこの時代の筆、硯、墨は未発見である。早急な発見を期待したいものである。

◆続く発見―二世紀前半の「刻書文字」―

以上のような経過で、貝蔵遺跡では筆墨が三世紀前半に使われていたことが確実になった。また、片部遺跡では四世紀の初頭の文字が指摘されることになった。そうなると、各地の研究者の中から古い文字資料が自分のところにもないだろうかと気にする人が次々と出てくる。

貝蔵遺跡出土土器について、報道機関へ一斉発表した後、同じ三重県内の安濃《あのう》町教育委員会の田中秀和さんから電話が入った。安濃町は、嬉野町と津市をはさんで北側の町である。その安濃町大城古墳群を発掘中、古墳の下にあった住居址の柱穴から、二世紀前半の土器が出土した。その高坏《たかつき》の脚の破片に文字が見えるというのである。「奉」と東野治之さんは読まれ、私は「年」と読んでいるが、そうした文字が土器の表面に刻まれているのである。

土器に刻まれているだけに、後世に刻まれたものではないかという点が問題となるが、この住居址の上には古墳がかぶさっている。つまり住居址は完全に密封されているから、だれも後世にそこへ土器を埋めることはできない。わけても柱穴の中にうまく入れること

▶「奉（年）」字を刻んだとみられる三重県安濃町大城遺跡出土の高坏脚部破片。二世紀前半のもの。（安濃町教育委員会提供）

など到底できない。とすれば、この住居の時代である二世紀の前半という年代が、この土器片の年代となる。また、愛知県や三重県は、土器の研究が専門的にこと細かく進んでいる地域でもある。「年（奉）」刻字土器片を土器の専門家に見せると、彼らも土器は二世紀前半と考えてよいだろうという。そうすると、二世紀前半には、既に日本で書かれた文字があったということになる。日本の文字は四世紀から二世紀代に一気に遡ることになったのである。

◆港と文字

文字が「いつからあるか」ということも大事であるが、「どこから出てくるか」ということも大事である。三重県で相次いで文字を書いた土器が発見されたが、いずれの遺跡も集落の一画であり、伊勢津《いせのつ》の前身――安濃津《あのうのつ》をとりまく港津集落《こうしんしゅうらく》とみなされる遺跡である。

津市は伊勢湾の西岸にあるが、先述のように、これらの三遺跡はこの津市のすぐ北の安濃町、南の嬉野町にある。津は江戸時代の地震による津波で港の機能が停止してしまった。しかし、それまでは「安濃津」とよばれる非常に大きな港であった。大和から長谷寺を越えて東に進むと、広い海に出る。そこが「津」である。東海地方の静岡、関東地方の横浜・千葉・東京、さらには東北地方の福島や宮城の地にまで船がいくときの出入口は、この「津」であった。

そういう港中の港、港をたばねる港があるところから文字資料が出ているのであるから、港を管理する人たちの間では早くから文字が使われていたことが推測される。では、港を管理する人とはだれだったのだろうか。

一例をあげよう。古く大阪には、中河内郡《なかかわち》（現在の東大阪市付近）から北河内郡にかけて大きな潟湖《かたうみ》があった。この潟湖は、「河内の海」と呼ばれ、この海の岸辺には河口を利用していくつもの港が成立していた。現在でも、若江、菱江、蓼津《たでつ》、日下江《くさかのえ》、豊浦などという、港にゆかりのある地名が残されており、なるほど見事に港が並んでいたのだなとわかる。それぞれがまことににぎやかな中河内の港であった。

その港の後背、南河内郡には、出入りする船を管理する船氏《ふなし》、津を維持する津氏、また、建ち並ぶ蔵を管理する蔵氏、少し後の氏族名になるが馬を掌《つかさど》る馬氏が居住していた。さらに大事な氏では、港津文書や外交文書などを扱い、いろいろな書類を読み書きする文《あや》氏《し》もいる。これらの氏族はみな港に関係する氏であるが、すべて自らを中国系の渡来系氏族と称しており、互いに仲よく往来しあう氏族であった。つまり、南河内には、文書を扱う文氏、蔵を扱う蔵氏、津を守る津氏、船を管理する船氏といった氏族が、わずか数キロ四方の範囲に集住しているのである。この地域には、後に立派な仏教寺院が数多く建立されるが、その背景には、こうした渡来した人々が集まっている地だということがある。

このように、大阪府南河内には、河内の海の港を臨む場所に港を管理する人たちが集住していた。彼らは渡来系の氏族であった。そうすると、三重県の「津」の場合も、同じようにこうした渡来系の人々が多く居住していたのではないかと推察されるのである。しかし、史料の乏しい地域だけに、古い時代にそこにどのような人々、どのような氏が居住していたのかは具体的にはなかなかわからない。では、渡来系氏族がいたということを、何とか遺跡の上から見てとることはできないだろうか。

実は、渡来系の人たちは古墳を築くとき、大きな特徴のある石室を造るケースがあった。階段のある石室を造り、埋葬時には、通路を過ぎてその階段を降り、奥にある玄室に棺《ひつぎ》を納め、そして、出ていくときには石室の入り口に石を立て、あるいは石を積み他の侵入を防ぐのである。こうした階段のある古墳は、渡来系の人たち、特に朝鮮半島の南部の地域の人たちの間で流行した石室であるが、これが三重県の安濃町から南側の嬉野町にわたって、二百基以上数えられるという。おびただしい数であり渡来系の氏族がいかに集中しているかを物語る資料である。ただし、これらの古墳はすべて六世紀後半のものである。いま問題としている文字資料は二世紀から四世紀代の資料であるから、その間に渡来系の人たちがこの地に入ったのだといわれれば、それはそれまでだが、やはり、大切な港のあるところには渡来系の人たちが集中的に置かれる傾向にあることは読みとれるであろう。

そうすると、そういう場所から古い「漢字」が出土するということは、重要な意味を持ってくる。その当時、最も先進的な文化が受けいれられ発揮される場は、大陸や朝鮮半島からの情報や文物、そして渡来してくる人々が真っ先に入ってくる港であっただろう。大阪の難波津、福井の敦賀津《つるがのつ》、三重の安濃津は、九州福岡の儺津《なのつ》（博多）と共に国家が経営する「大津」であった。そうした場所の一つから、文字が出土しはじめたのである。三世紀の中国の歴史を記した史書『三国志』「魏《ぎ》志《し》倭《わ》人伝《じんでん》」によれば、日本には当時、倭国王のいる邪馬台国《やまたいこく》をはじめ「百余国」の「国」があったという。倭国の行政府のある邪馬台国や、あるいは北部九州の伊都国《いとこく》、奴国《なこく》、末盧国《まつらこく》など、「魏志倭人伝」に登場する日本列島内にあったという国々の中枢部からも、文字が出てくる可能性は極めて高い。

たとえば、有名な福岡市志賀島《しかのしま》出土の「漢委奴國王《かんのわのなのこくおう》」の金印は、こうした国のひとつ、「奴国《なこく》」の王に対して中国後漢の朝廷が与えたものである。中国の史書『後漢書』建武中元二（五七）年の条には金印下賜の記述がみえ、当時、中国から日本に印文という形で文字が来ていたことを確実に証明する最古の例となっている。

ところで、港から出土する文字にかかわる資料として注目される、一つの文物がある。五銖銭《ごしゅせん》・貨泉《かせん》とよばれる貨幣がそれである。漢代の五銖銭、新《しん》代の貨泉は、ともに中国の通貨である。貨泉は、初めて鋳造されたのが天鳳《てんほう》元（一四）年、その後、新が滅び後漢の時代になると通用が禁止されたため、通貨として使われた期間はわずか三十五年間に過ぎない。

こうした貨泉は、対馬、壱岐をはじめ佐賀県から福岡県の海岸に沿う限られた地域で発見され、興味深い分布を示している。過去に、近畿地方で貨泉が発見された例は日本海岸に沿う京都府函石浜《はこいしはま》遺跡の二枚があるだけで、日本海沿岸をたどれば九州からもたらされやすい環境にあることから、北部九州とかかわりの深い文物だろうと推測されることもあった。ところが、ここ二十年ほどの間に、「河内潟」の南岸に沿う、弥生時代の港――「港津集落《こうしんしゅうらく》」と目される遺跡から続々とこの「貨泉」が発見され、やはりこの地域にも集中して分布することが指摘されるようになった。同時に山口県・岡山県・愛媛県など瀬戸内海の港津集落でも点々とその分布が確かめられ、その結果、九州と畿内という弥生時代の二つの中心地を結ぶ瀬戸内海海路網が、いかによく整備されていたのかが偲《しの》ばれるようになった。

これらの遺物、わけても貨泉は、倭国と中国の「新」王朝との頻繁な交流を物語るものであり、交易時には、貨泉による支払いが港津で行われていたのであろう。貨泉流通の背後には、漢字・漢文による外交文書や経済文書が息づいていたとみてよいであろう。現に「魏志倭人伝」には、北部九州の伊都国に設置されている「大率《だいそつ》」（後世の太宰府に類する機構か）が、倭国王のもとにくる中国、朝鮮半島の使節の帯同する文書・賜物を伝送する重要な役割を担《にな》っていることが記述されている。各港津でも、大小の違いはあっても、文書をめぐってこれと似たような職掌が備えられていたことが推測できるのである。

そうすると、こうした職にある人々が日本国内で文字を書き、文字を読み、文字に触れていた可能性は極めて大きい。今、私が一番、文字が出てきて欲しいと思っている地域は、いいかえれば今後必ずや文字が見出されると予測される地域はといえば、河内潟に面した港津、大率にひきいられた九州の港津――わけても伊都、奴国などの港である。私はこのように予測して、今、網を張って「文字」を待っているのである。

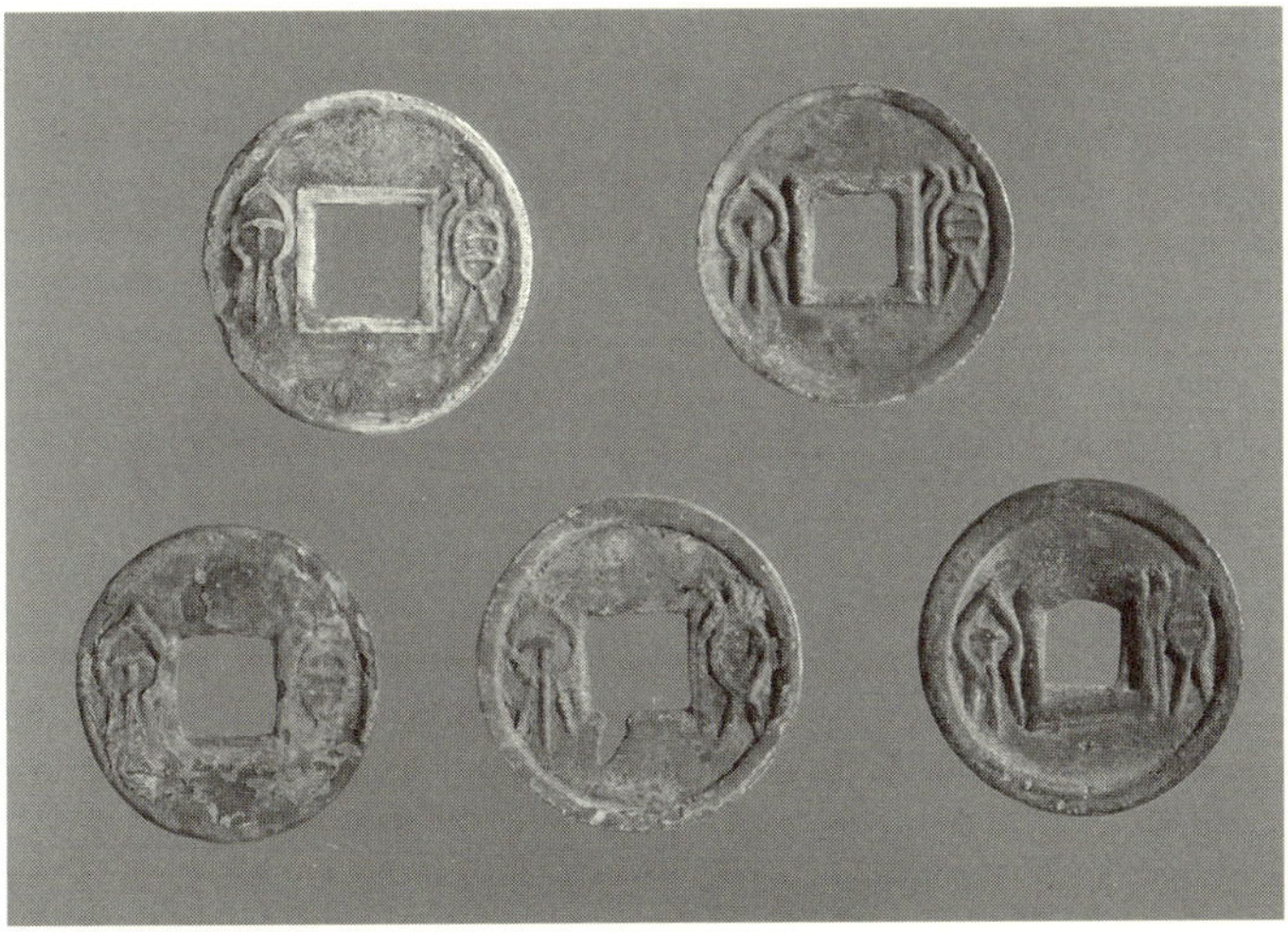

◀大阪府八尾市亀井遺跡・東大阪市巨摩遺跡出土の貨泉。（大阪府文化財調査研究センター提供）

「魏志倭人伝」の世界と文字

◆弥生時代の成立と渡来人

安濃津の例にもみられるように、日本で文字が書かれた証拠はどんどん時代を遡りつつある。これから先、より古い文字の発見は続くであろう。では、文字の存在はどの時代までさかのぼるのだろうかと問われると、私は「漢字」という形であれば、紀元前三世紀までは遡る可能性があると考えている。

なぜ、紀元前三世紀か。それ以前は縄文時代、以後は弥生時代である。縄文時代の文化は、すべて日本の中ではぐくまれ醸成された文化であり、いわば列島内の文化であった。ところが、ちょうど紀元前三世紀、中国では、秦《しん》の始皇帝《しこうてい》に追われたのであろうか、一国挙げての流亡の動きが始まる。

そうした流亡——国家の移動は日本列島へも及び、弥生時代へ移行するきっかけはまさにこの前三世紀、山東半島付近からの十余万人の人々を率いての渡来にあったとみている。後に、日本を総称する「倭《わ》」の国名は、この時やって来た人々の故郷の地名とかかわる名であった可能性が高い。山口県土井ケ浜《どいがはま》遺跡で発掘された数多い人骨は非常に長身で、顔高が高く顔幅は狭く、前代の縄文時代人骨とは明らかに区別される体型をもっている。こうした渡来した人々の話す言葉は故郷の言葉であり、彼らを率いて渡来した王や王統に繋《つなが》る人々、王統を支える官僚たちは、故地同様漢字を使い、漢文で表記することには十分たけていたとみていいだろう。

◆卑弥呼の「外交」と文字

「魏志倭人伝」によれば、景初《けいしょ》三年（二三九）、魏の少帝は遣使した倭国の女王、卑弥呼《ひみこ》に対し、詔書を与え「親魏倭王」に任じ、また、派遣使節をそれぞれ「率善中郎将」「率善校尉」に任じ、青綬《せいじゅ》（紐）を付けた銀印を授けている。この詔に答え、翌、正始《しょうし》元年、卑弥呼女王は倭国王として感謝の上表文《じょうひょうぶん》を送っている。正式の外交にふさわしい文書――詔書・上表の交換である。また、正始八年（二四七）には倭国と狗奴《くな》国との交戦中、女王は魏朝の出先機関――帯方郡《たいほうぐん》（朝鮮半島西北部）に使者を送り、戦況を報告した。それに対し、魏の少帝は帯方郡を通して詔書・黄幢《おうどう》をおくり、檄《げき》を伝え告喩《こくゆ》したと記している。「檄」は、励まし活気づける文であるが、こうした檄文が倭国に届くと、「魏王朝は倭国をこのように後押しをしてくれている、頑張ろう」と、倭国女王卑弥呼に読んで聞かせた人物がいたはずである。帯方郡や魏帝への上表文などは今日のこされていないが、魏帝が倭国王に送った詔書の大概は、「魏志倭人伝」からたどることができる。倭国上表文、戦況報告、魏帝詔書、告喩・檄文といった外交文書が頻繁に両国の間を往復しているのである。まさに文字が動く社会なのである。

こうした状況からみても、私は倭国が成立してくる弥生時代初期、紀元前三世紀ごろから、文字は日本列島に息づいていただろうと考えるのである。

倭国女王卑弥呼の鏡から

◆「銅鏡百枚」

先に述べた景初三年の遣使の際、倭国女王卑弥呼は魏の少帝に、男六人・女四人を献上した。中国の皇帝は世界各国の人間を集め、そういう世界の中枢に自己が存在することを誇示していた。各国人、各国産物などを朝貢させ喜んでいたのである。ちなみに、女王卑弥呼の前の倭王帥升《すいしょう》は、一六〇人もの人々を献上したと記されている。織物も中国へ届けた。

女王卑弥呼朝貢の際、魏の少帝は、倭国に対して、見事な錦や絹を下賜し、また女王卑弥呼には特別の種々の文物を与えている。中国では皇帝はすべて男性が継承するが、倭国王卑弥呼が女王であったことに驚いたのであろうか、錦や絹のほかに、「銅鏡百枚」を与えたと記述されている。

この銅鏡百枚をめぐっては多くの論文があり、解釈は実にさまざまであるが、この百枚の銅鏡は「三角縁神獣鏡《さんかくぶちしんじゅうきょう》」だろうとする説と、これを否定する説に大別される。詳細は省くが、私は「銅鏡百枚」は三角縁神獣鏡であり、中国での元号改元の経緯、刻まれた年号や字句の観察などから三角縁神獣鏡は中国で作られたものだと考えている。

さて、こうした鏡について文字にかかわる大事な一面として、鏡にみられる銘文の文字に注目してみよう。最も整った、島根県神原《かんばら》神社古墳出土の「景初三年」銘三角縁神獣鏡に鋳出《いだ》された銘文を訳すと、「景初三年、陳氏工房でこの鏡をつくる。我が工房は杜陵《とりょう》県出身、現在都で仕事をしている。男性がこの鏡を持てば位をきわめ三公に至る。また、女性がこの鏡を持てば、多くの子孫に囲まれることになる。寿命も堅く長く金石のごとく保つことができる」と記されている。

銘文は鏡によって違うケースもある。たとえば大阪府和泉《いずみ》黄金《こがね》塚《づか》古墳で発掘された鏡の銘文は、「景初三年陳是作詺詺之保子宜孫」とあり、神原神社鏡の銘文中の四句分にあたる句を省略気味に記すだけなので、その文意が取りにくいという一面が指摘できる。同じことは京都府広峰十五号墳出土の「景初四年」銘鏡、兵庫県森尾古墳出土の「正始元年」銘鏡にも見られ、一部の句が省略されている。このことから、本来、神原神社鏡の完整な鏡銘銘文が用意されているが、鋳型を製作する時、工人はその銘句を省略したり、一部の句字を操作できる環境にあることがわかる。一方でそれぞれの銘文の対句は適切なケースが多いことから、その銘句の内容や、銘文の意味はよく理解されていたことが読みとれる。魏の鋳鏡工房の手なれた熟達ぶりが改めて理解できる。こうしたこともこれらの鏡が中国の魏で作られた証拠のひとつと考えられる。

景初三年陳是作
竟自有経□（述）本是
京□（師）□□（地）出吏
人□（詺）□（之）位至三公
母人詺之保子宜
孫壽如金石兮

▲「景初三年」の銘文を持つ三角縁神獣鏡。島根県加茂町神原神社古墳出土。（国蔵、文化庁保管、東京国立博物館提供）

魏の少帝から下賜された銅鏡百枚は、倭国女王卑弥呼の目の前で、倭国の官人たちが居並ぶ中、魏朝の使者の手で渡される。最高のクライマックスは鏡と同時に下賜された魏帝からの詔書と金印の伝達であったことはいうまでもない。金印や詔書に記された文字の意味は、女王卑弥呼にきちんと理解できただろうと思われる。たとえそうでなくても、翻訳・通訳する官司をもち、適切に対処されたことだろう。使者拝謁の後、女王宮室で女王や百官は下賜の品々を見たに違いない。そして、銅鏡百枚とその鏡銘がきっと話題となったに違いない。

◆鏡の伝世と頒布―古墳への副葬をめぐって―

さて、こうして倭国女王卑弥呼に賜与された銅鏡百枚、使節が求めて来た厖大な量の銅鏡をはじめ貴重な品々は、やがて王蔵や朝廷の蔵に納められ、丁寧に管理され、銅鏡などは春秋には錆《さび》を防ぐため猪膏《いのあぶら》によって磨かれて、銘文も文様も少しづつ摩耗しながらも、その美しい姿を伝えていくのである。倭国女王宮や倭国朝廷の蔵には、さまざまな舶来の文物をはじめ、国内での貢進物、特別に献上された貴種や重宝が彪大な量、管理されていたのである。

三世紀末から四世紀初頭、「古墳」の誕生してくる時代になると、天皇・皇族を中心に特色のある墳墓が築かれ始めるが、それらの「古墳」は「前方後円（方）墳」という定形的な形で統一されている。墓室や棺も規格性が強い。実は、こうした墓制を強烈に彩るのは、先の王室の蔵、朝廷の廷庫で保管されていた鏡・剣・玉、この三種の文物なのである。

　昭和二十八年、京都府山城町、椿井《つばい》大塚山《おおつかやま》古墳の竪穴式《たてあなしき》石室内から三十六面以上の銅鏡が発見された。また、平成十年、奈良県天理市黒塚《くろつか》古墳の竪穴式石室内から三十四面の銅鏡が発掘された。これらの銅鏡を検討すると、椿井大塚山古墳では三十二面が、黒塚古墳では棺内に一面だけ発見された画文帯《がもんたい》神獣鏡をのぞく三十三面が三角縁神獣鏡だった。王宮・朝廷の蔵に丁重に保管管理されてきた三角縁神獣鏡をはじめとする鏡が、「古墳」誕生に際して死者に副《そ》えるものとして一斉に蔵出しされている事実が浮かび上がってきたのである。古墳に副葬されている文物には、鏡以外に、碧玉《へきぎょく》製・滑石《かっせき》製の腕飾《うでかざり》や、刀剣の類がある。「古墳」誕生によって、過去、朝廷の蔵などに管理されてきたこうした文物が一斉に、大量に蔵出しされているのである。

　蔵出しされ、配布された鏡や刀剣にみられる銘文が、各地でどのように扱われたのか、その実態の解明は難し

▲奈良県天理市黒塚古墳の竪穴式石室と副葬品。合計三十四面の鏡が出土した。木棺内から画文帯神獣鏡一面が、また木棺外からすべて木棺側に鏡面を向けた形で三十三枚の三角縁神獣鏡が出土した。（奈良県立橿原考古学研究所提供）

い。死者の頭部や胸部に置かれた鏡の場合は、死者が生前に愛した文物、あるいは特別に賜与された文物と考えることもできるから、銘文を読み理解できた可能性は高い。しかし、棺を囲み死者を護る形で並べられた多数の鏡の場合は、死の直前、もしくは死以後に朝廷から下賜された文物――賻物《ふぶつ》であるから、仮に銘は読解できても、いちいち読むことはせず並べていくケースも考えられるであろう。いずれにしても、被葬者周辺の人々は鏡銘は十分に読めたと私は考えている。

朝鮮半島外交の中の文字

◆古代朝鮮の外交記事

古代朝鮮の歴史を伝える史書は『三国史記』である。この書の「新羅本紀《しらぎほんぎ》」には、弥生時代の朝鮮と倭の外交の姿が記されている。当時、朝鮮半島には高句麗《こうくり》・新羅・百済《くだら》の三国があり、その三国に中国の魏や宋、倭国がかかわり合うだけに不安定な状態だった。

倭国と新羅のかかわりを示す最初の記事は、紀元前五〇年の「倭人、兵をつらねて辺を犯さんと欲す。始祖の神徳あるを聞きて還る」の記事。続く記事は紀元一四年「倭人、兵船百余艘を遣わし海辺の民戸を掠《かす》む、六部《ろくぶ》の勁兵《けいへい》を発して以て禦《ふせ》ぐ」という記事。以後、七三年、一二一年、一二二年、二〇八年、二三二年、二三三年、二八七年、二九二年、二九四年……と倭国・倭人による新羅国の領域侵犯記事、それに対する新羅の応戦記事が目白おしに出てくる。こうした倭国・倭人の新羅国侵攻記事は、四世紀・五世紀代の記事の大半を占めていて、倭国・新羅外交が常に倭国側の領域侵犯を中心として戦闘体制下にあったことを物語っている。

一方、『三国史記』の「百済本紀《くだらほんぎ》」の倭についての記事を見てみると、最初の三九七年の記事は「百済王、倭国と好を結び、太子腆支《てんし》をもって質《しち》となす」、続く記事は四〇三年の「倭国の使者至る。王、迎えてこれを労《ねぎら》うこと特に厚し」という記事である。倭国が対新羅外交にみせた「戦闘」とはまったく異なり、「和平・支援」を対百済外交の基盤にすえていることが読みとれる。一方、新羅文武王の時代の「百済の武王、逆順に迷い、隣好を敦《あつ》くせず、親姻に睦《むつ》まず、高句麗と結託し、倭国と交通し、共に残暴をなし、侵して新羅を削り、邑《むら》を剽《おびや》かし、城を屠《ほふ》る」と書く記事は「新羅本紀」六六五年の言葉だが、まさに新羅からみた百済観、倭国観がよく示されているのである。

◆百済外交と舶載品

こうした倭国・百済の外交を背景に、百済の優れた文物が倭国に運ばれて来る。日本中世の書、『塵袋《ちりぶくろ》』には、天皇の居所――内裏《だいり》の中の温明殿《おんめいでん》・清涼殿《せいりょうでん》に保管されている二振《ふたふり》の霊剣――破敵剣・護身剣について実に詳しい記事がある。

護身剣の剣身には、剣の由来、剣の文様の説明句、そして寿句を金象嵌《きんぞうがん》文字で入れ、剣身の左右には銘文に刻まれているように、

[左] 日・南斗六星・朱雀《すざく》・青龍《せいりゅう》

[右] 月・北斗七星・玄武《げんぶ》・白虎《びゃっこ》

の図形を象嵌しているという。

破敵剣は銘文を欠くが、剣身の左右に、

［左］三皇五帝・南斗六星・青龍・西王母《せいおうぼ》兵刃符

［右］北極五星・北斗七星・白虎・老子《ろうし》破敵符

の図形を象嵌していると記している。護身剣の銘には剣を作った干支を示す「庚申年《こうしんねん》」の文字が見えるが、これは四世紀の半ばを過ぎた西暦三六〇年と考えてよい。また「百済所造」という句もあって、護身剣が作られたのは、百済国内であることを示している。天皇のまわりでは、長くこの護身・破敵の両剣を百済国から贈られた剣と認識し、霊剣として特別視していた様子がその記述から鮮やかに読みとれる。『塵袋』は堀川天皇寛治《かんじ》八年（一〇九四）十月の内裏焼亡の時、この二振の霊剣も無残な姿になったことを記しているが、四世紀の倭・百済間の緊密な友好関係を物語る資料の一つに、こうした由緒ある護身・破敵の両剣があったことも挙げられるのである。

また、奈良県天理市の石上《いそのかみ》神宮には、まっすぐな剣身の側面に剣枝がそれぞれ三つずつ付き、中央を含めて合計七枝となった「七支刀《しちしとう》」という刀が伝世している。この刀の銘文にも、百済からもたらされた旨の内容が書かれている。なかなか立派な剣で国宝となっている。

このような、『塵袋』に書かれている護身・破敵剣、加えて石上神宮の七支刀は、刻まれている文様や銘文、技術、記紀の断片的な記録から、百済から贈られた文物と考えられるのであるが、それはいつもたらされたのだろうか。七支刀には「泰和《たいわ》四年（三六九）」

という年号があり、護身剣には「庚申年（三六〇）」という年号がある。作剣の年時が、四世紀の半ばをやや過ぎたころであることがわかる。『日本書紀』でいえば、神功皇后の時代にあたる。百済からなぜ贈られたのか、その経緯は極めて簡単で、先に『三国史記』の内容を紹介したが、当時、日本と百済は、常に日本が百済を応援する関係にあったことが背景にみとめられる。そうした関係のもとで百済は高句麗や新羅に対抗することができたのである。日本が手をひくと、百済は滅亡のおそれがあり、また百済が滅びると、日本は朝鮮半島に根拠を失うことになり、百済を経て中国へ赴くことができなくなる。それだけに、日本は朝鮮諸国の中では、常に百済を救援する政策をとってきた。それだけに、百済王は日本にいろいろな文物を送り届けるのであるが、そうしたものの一つがこれらの刀剣であったとみてよいであろう。

　このように、四世紀代には、文字が書かれた刀剣などが百済から届けられ、日本の国内では百済などから日本に往来していた渡来系の人たちが筆墨を用いて文字を書いているのである。

◀奈良県天理市石上神宮に伝わる七支刀。主身に「泰和四年」（三六九）で始まる六十一文字の銘文が金象嵌されている。（石上神宮伝来）

（表）泰□（和）四年□（五）月十六日丙午正陽造
百練□（鋼）七支刀□辟百兵宜供供侯王□
□□□作
（裏）先世□（以）来未有此刀百□（済）王世□（子）奇
生聖□（倭）故為□王旨造傳□（示）□（復）世

考古学の資料からみるかぎり、文字の世界は四世紀前半までは中国から、四世紀後半には百済から伝来しているとみてよいであろう。日本で書かれた文字は三重県嬉野町・安濃町で刻書・墨書土器として発見されてはいるが、上層階級の人々のもとには大陸・朝鮮で書かれた文字が届けられていたのである。

日本列島で書かれる漢文

◆倭の五王の外交文書

四世紀後半から五世紀、倭国は朝鮮半島に激しく進出し、百済・新羅を抑え、質《しち》（人質）をとって服属させる一方で、高句麗と軍事的支配を争うまでに国家機構を充実させていた。このような国際情勢の中で、倭国王は中国――南朝に積極的に接触し、国際舞台での正式の位置づけを求めようとする。

五世紀の中国の史書、『宋書《そうじょ》』中の倭国伝は「高祖の永初《えいしょ》二年、詔して曰《いわ》く、倭讃《さん》、万里《ばん り》貢《こう》を修む。遠誠宜《よろ》しく甄《あらわ》すべく、除授を賜う可《べ》し」「太祖の元嘉《げんか》二年、讃、又司馬曹達《しばそうたつ》を遣わして表を奉り方物を献ず」の一文にはじまる。「高祖」「太祖」は宋の皇帝の名、「讃」は倭王の名である。「除授を賜う可《べ》し」の句にみるように、叙爵を求める使節派遣であった。このころの中国の史書に登場する倭国王は、讃《さん》・珍《ちん》・済《せい》・興《こう》・武《ぶ》の五王であるが、この倭の五王の遣使は常に、国際的地位にふさわしい倭国王の叙爵を求めての動きであった。

興味深いことにこの『宋書』倭国伝には倭の五王最後の武王の上表文が掲げられている。「封国《ほうこく》は偏遠《へんえん》にして、藩を外に作《な》す。昔より祖禰《そでい》躬ら甲冑を擐《つらぬ》き、山川を跋渉《ばっしょう》し、寧《ねい》処《しょ》に遑《いとま》あらず。……王道融泰《ゆうたい》にして、土を廓《ひら》き畿《き》を遐《はるか》にす、累葉朝宗《るいようちょうそう》して歳に愆《あやま》らず。臣、下愚なりと雖《いえど》も、忝《かたじけ》なくも先緒《せんしょ》を胤《つ》ぎ、統《す》ぶる所を駆率《くそつ》し、天極に帰崇《きすう》し、道百済を遥《へ》て、船舫《せんぼう》を装治す。而《しか》るに句驪《くり》無道にして、図りて見呑《けんどん》を欲し、辺隷《へんれい》を掠抄《りゃくしょう》し、虔《けん》劉《りゅう》して已《や》まず……」という、堂々とした上表文である。百済・新羅王室の「質」や渡来漢韓人、あるいは日系百済官僚といった人々が朝廷を援《たす》け、こうした荘重な文字づかいの漢文の上表文が作られたのであろう。讃・珍・済・興・武のそれぞれの王が遺使を派遣する時はいつも、こうした見事な上表文が携えられ、宋朝の評価の対象となっていたであろうことが推測されるのである。

◆日本で刻まれた銘文—甦る古代の人々—

埼玉県行田市の「さきたま風土記の丘」内の稲荷山《いなりやま》古墳が発掘調査され、多くの刀剣が発見された。発掘後、それらの刀剣はしばらく展示されていたが、錆化がすすみ傷みもはげしくなってきたため早く保存処理を行い再展示したいと埼玉県教育委員会は考え、昭和五十三年、奈良にある元興寺《がんごうじ》文化財研究所の保存科学室に処理が委託された。

鉄刀には水分が含まれている。水分を含む限り、鉄製品はいつか錆びて、ばらばらになる。鉄ほど水分に弱いものはないのである。しかし、この水分を取り去って、樹脂に替えれば、永久にその文物を残すことができる。そこで、稲荷山古墳の刀剣も、水分と樹脂を入れ替える保存処理が施されることになった。

錆をとりのぞく作業中、研究所員の安井さんが錆中にキラリと輝く金糸を発見、さっそくX線撮影をしたところ、フィルムには剣身の表裏に象嵌された一一五の金文字が鮮やかに現れ、世紀の大発見となった。きれいに研《と》いだ刀の表《おもて》にたがねで文字を彫り、金糸を詰め、叩き込み、表を磨くと、きれいな金文字ができあがる。こうして作られた金文字が、レントゲン写真に浮かび上がったのである。この金象嵌文字は同研究所の西山要一さん（現・奈良大学教授）の手で一字一画をも失うことなく見事に研《と》ぎ出され、表五十七字、裏五十八字、計一一五文字でできた長大な銘文となって世に出た。

まず、この銘文の冒頭には、「辛亥年《しんがい》」という干支があり、作剣年時が西暦四七一年であることを明記している。四七一年といえば、『日本書紀』や『古事記』では雄略天皇の時代である。先に述べた中国の『宋書』にみえる、倭王「武」の時代に比定される。この刀の銘文を調べてみると、その中に、「獲加多支鹵《ワカタケル》大王」という大王名がある。記紀に記された雄略天皇の別名は「ワカタケル」であるから、ぴたりと合致する。稲荷山古墳の被葬者にそえられた剣の中には、雄略天皇の時代につくられた剣が含まれていたのである。

銘文中には、ある氏族の八代にわたる系譜が書き連ねてある。奈良県桜井市には「阿倍」という地があり、大阪市にも「阿倍野」の地がある。こうした地域には「阿部（安倍）氏」がいた。天皇のすぐそばで仕える有力な氏族である。銘文には、その阿部氏と思われる氏族の始祖「意富比垝《オホヒコ》（大彦）」を冒頭に始まる系譜が書き上げられているのである。しかもこの八代も続く家は、「杖刀人《じょうとうじん》」として仕えていると記されているのである。

「杖刀人」とは、天皇のすぐ横にいて、刀杖をたずさえ、天皇に何か事がおこればその杖刀で相手を倒す、そうして天皇を護《まも》りぬく人をさしている。この剣には、「安倍一族は、何代にもわたり杖刀人の長として天皇に仕え天皇を援《たす》けてきた家である」と記されているわけである。

この鉄剣の発見以前は、雄略天皇の実在を疑う歴史学者も多かった。しかし、この銘文が解読されてからは、雄略天皇の実在は定説となった。『日本書紀』の雄略紀も信憑性が

◀埼玉県行田市稲荷山古墳出土の鉄剣。「辛亥年」(四七一)に始まる一一五文字の金象嵌銘の中には、古代史をぬりかえるさまざまな情報が含まれていた。(埼玉県立さきたま資料館蔵)

(表)辛亥年七月中記乎獲居臣上祖名意富比垝
其児多加利足尼其児名弖已加利獲居其児名多
加披次獲居其児名多沙鬼獲居其児名半弖比
(裏)其児名加差披余其児名乎獲居臣世々為杖
刀人首奉事来至今獲加多支鹵大王寺在斯鬼宮
時吾左治天下令作此百練利刀記吾奉事根原也

高まってきた。この発見は、古代史に見直しを迫ることになったのである。一方では巧みな文字、立派な文章、なかなか達意の銘文で、意味が通じないところはない。言葉の表現も「杖刀人」のように中国風の言葉があるかと思えば「獲加多支鹵大王」のように日本語を一字一音で表現する言葉もあり、なかなか熟達した表現をとっている。このデータは国語学にも大きな影響を与えた。五世紀後半、雄略期には日本には文字・文章が辺土周辺にも定着していることがよみとれるのである。

　さて、この稲荷山古墳「辛亥年」銘鉄剣の発見によって再検討を余儀なくされたのは、熊本県江田船山《えたふなやま》古墳発見の鉄刀である。稲荷山古墳の鉄剣よりも早く発見されていたが、銘文の冒頭に読めない部分があり、長らく解決できずにいた。

　再検討の結果、文頭の不明瞭な文字部分が「獲加多支鹵大王」であろうこと、「杖刀人」と並ぶ「典曹人《てんそうじん》」の官名がみられること、作刀者、書者がそれぞれ「伊太加」、「張安」と明記されていること、刀の素材や刀を持つことによる恩恵についての言葉がみられることが改めて認識された。

　稲荷山鉄剣、江田船山鉄刀はどちらも雄略朝の朝廷官司――「杖刀人」や「典曹人」といった人制《にんせい》官司に勤務する人物の発願で作られたものである。杖刀人・典曹人として勤めている間、つまり大和にいる間の製作であることは確実であるから、江田船山鉄刀の作刀者「伊太加」、書者「張安」はとくに大和に住む工人・文人とみることができる。作剣、作刀の発注、受注は大和でなされているのである。この二点の刀剣を通じてみると、大王名や人名、地名は漢字一字一音をあてて表現しているが、「大王」「杖刀人」「典曹人」といった官職名は中国の官司名になぞらえて一字一音表現をとらず、「大鐺《だいとう》」「四尺廷刀《ていとう》」も中国風書式、「百練」「八十練」「六十捃」といった技法の表現も中国の技法名と合わせるなど、それぞれ該当する中国語をあてはめており、そのあて方にも一定の方針がみられるのである。人名・地名といった、中国名では表現できない固有名詞などは漢音をとって表わし、官職や文物、技法などの表現は漢義をもって表わしているのである。つまり、本来、大和では「たちはき」「ふみつかさ」と和語で呼ばれている言葉を、文字表現としては漢義をあて「杖刀人」「典曹人」の文字で表わすというルールが確立しているのである。「奉事」「根原」「長寿」「注々」といった用語も同じく漢義をあてるものである。

このようにしてつくられた刀剣がなぜ埼玉県や熊本県下の古墳の副葬品となっているのか、その過程は銘文からはたどれない。同時代に典曹人や杖刀人として朝廷に務めた人たちが、こうした刀剣を作り朝廷に提出するといった事態があったのであろうか。しかし、江田船山の例では、おそら

◀熊本県菊水町江田船山古墳出土の鉄刀。峰の部分に七十五文字の銘文が銀象嵌されている。五世紀半ばごろのもの。（東京国立博物館蔵）

治天下獲□□□鹵大王世奉□〔事〕典曹人名无□〔利〕弖
八月中用大□〔鐺〕釜并四尺廷刀八十練六十捃三寸
上好□〔利〕刀服此刀者長□〔壽〕子孫注々得□〔其〕恩也不失
其所統作刀者名伊太□〔加〕書者張安也

く「尹太加《インノタカ》」、すなわち「尹」氏とよばれる渡来系の人たちで構成される工房の「多加」によって刀が作られ、銘されている。書者「張安」も、その名から宋人と考えられる。渡来系の人たちが文字にかかわり、刀をつくるといった特色ある技術に携っていることが判明したのである。

こうした二点の刀剣をも含めて、五世紀後半の刀剣はその多くが日本列島で作られ、日本列島で銘が施嵌された刀剣である。こうした日本での動きの最古の例は千葉県稲荷台一号墳出土の「王賜」銘鉄剣であるとされる。その銘は銀象嵌で剣身両面にあるが、銀線の脱落が著しい。しかも剣身は損壊していて、「王」字は中央の一画がなく、「敬安」の二字もはっきりしない。剣自体からは作成の年代はわからないが、稲荷台一号墳の他の副葬品や埋葬施設から推定して、五世紀中葉、稲荷山古墳出土の「辛亥年」銘鉄剣より古く、この時期から日本内での作刀、作剣、作銘に日本国内の渡来系工房が携るようになるのであろう。朝鮮半島百済での作刀、作剣、作銘刀剣が日本へ舶載される時代が終わり、主流は

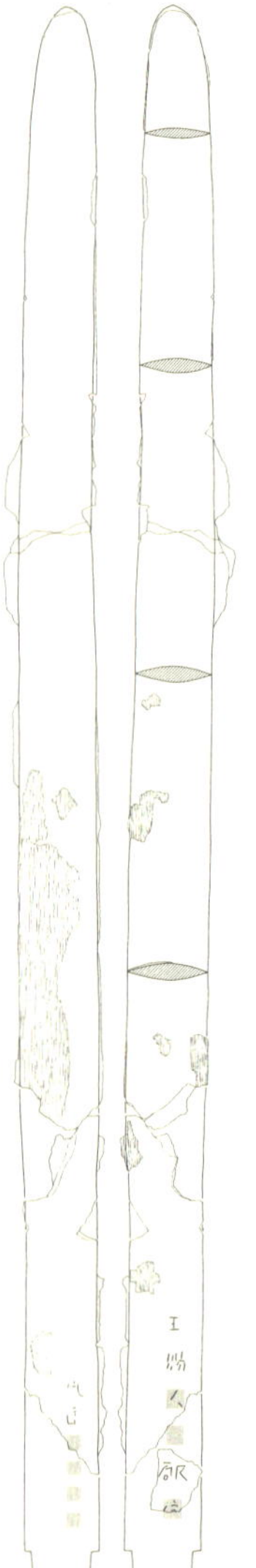

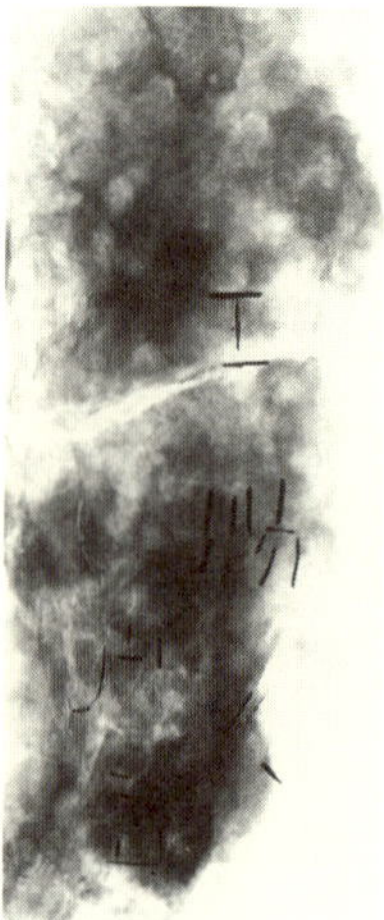

▶千葉県市原市稲荷台一号墳出土の鉄剣。「王賜」で始まる推定十二文字の銘文が銀象嵌されている。古墳築造は五世紀の半ばとみられる。(市原市埋蔵文化財センター蔵／右：滝口宏監修『「王賜」銘鉄剣概報—千葉県市原市稲荷台一号墳出土—』吉川弘文館より／左：永嶋正春氏提供のX線写真)

国内作刀、作銘へと移り変わっていくのである。

◆古代日本のあゆみと文字

このように日本列島内で発掘されたり、伝えられたりした文字資料をいま一度ふり返ってみたい。一世紀代の貨泉、「漢委奴國王」金印、三世紀代の「景初三年」銘三角縁神獣鏡とその前後の時期の銅鏡は、すべて中国王朝(新、漢、魏)で作られ、日本にもたらされたものである。帯方郡を経由して国交を中国に求める日本の姿を、見事に表わす事実である。日本での文字＝漢字の導入は、こうした外交の中で果たされているのである。

一方、この時期、三重県安濃町大城遺跡の「奉(年)」字刻書土器、嬉野町貝蔵遺跡の鬼面墨描土器、片部遺跡の「田」字墨書土器といった、二世紀初め・三世紀初め・四世紀初めの土器がある。これらに書かれた文字は、手なれた筆づかいで書かれており、伊勢安濃津(津市)の港を管理する渡来系氏族によって書かれた文字とみなすことができる。都宮や官衙《かんが》・港津を中心とする、文字導入の実態が浮かび上がってきたのである。

四世紀には日朝関係の急速な進展、とりわけ中国への航路確保もあって、日本が百済を救援し高句麗・新羅へ進攻する中で、百済を通じての漢字文化の導入が目立ってくる。三六〇年の百済王から奉献された護身剣・破敵剣、三六九年の七支刀などは、そうした日本・百済の間の緊密な協力関係を語る文物であり、漢字文として書かれた内容は、まさにその「和」をお互いに確かめる、重要な内容であった。

そして五世紀以降、日朝間の抗争を抑え、日宋関係の強化の中で日本は急速に朝廷機構の整備をすすめていく。国内の強力な統治と忠誠の確認のために、渡来系の人々を再編成する中で彼らを通して多くの優れた文物を作り出し、それらの文物に文字を刻むようになるのである。

文字世界のいろいろ

◆梵字の初源と三寅剣

平成五年九月二十五日、長野県佐久《さく》郡志編纂室の招きで長野県小海町を訪ねた私は、小《こ》海《うみ》町に住む畠山《はたけやま》理介《りすけ》氏のもとに「みとらのつるぎ」があるという情報を、編纂室の井出《いで》正義《まさよし》・島田恵子《しまだけいこ》さんから教えられた。「みとらのつるぎ」が「三寅剣」と書き、金・銀で象嵌されていることを聞いて、私はつよい衝撃をうけた。翌朝、畠山氏が持参してくださった剣を拝見することができた。剣身と剣峰に複雑な金銀象嵌があり、象嵌線をたどると文字や仏像、星宿《せいしゅく》、梵字《ぼんじ》が浮かび上った。さらに細かく検討すると、剣の峰《みね》の根許《ねもと》に「三寅剣」の三文字が銀象嵌され、その文字から切先までの間には、波や鋸歯《きょし》の形の文様が、あたかも走る蛇のように銀象嵌されていることを確かめた。剣身にはほかに仏像や三公・三台・北斗七星といった星宿、反対の面には仏像のほかに梵字九字が金銀象嵌で配置されるという、今まで知られている古代の刀剣にはみられない華やかな剣であった。

まず注目されたのは「三寅剣」の三文字、その字体は古態で七世紀後葉に位置づけられる字体であった。剣身両面上下の仏像は合計四体、上方の二体は研《と》ぎ減《べ》りして像容はわからないが、残る二体は多聞《たもん》（毘沙門《びしゃもん》）天《てん》像と持国天《じこくてん》像であることを、像容や執《と》り物《もの》から読みとることができる。とすれば、この四体の仏像は四天王像であり、研ぎ減りした二体は増長天《ぞうちょうてん》と広目天《こうもくてん》像だと推測された。像の輪郭線は金象嵌、細部は銀象嵌されていて、非常に丁寧な作りである。四天王の姿や三公・三台・北斗七星といった星宿の表現も古態で、やはり七世紀後葉に位置づけられると考えた。

一方、梵字は輪郭どり（籠書《かごがき》）した九文字で、上の三字は「オン」「バ」「ラ」、下の三字は「サ」「ハ」「カ」と読め、中央の三字は研ぎ減りではっきりしないが、残された線から「ハ」「タ」「ヤ」と読めそうに思える。従って全体は「オン・バ・ラ・ハ・タ・ヤ・サ・ハ・カ」の九字で、毘沙門天真言《しんごん》と考えられた。「三寅剣」という漢字の剣銘、毘沙門天真言という梵字の真言銘が、一つの剣に並存することが明らかになったのである。

剣名の「三寅剣」とは、寅年寅月寅日に作られた剣であることを示している。寅刻まで

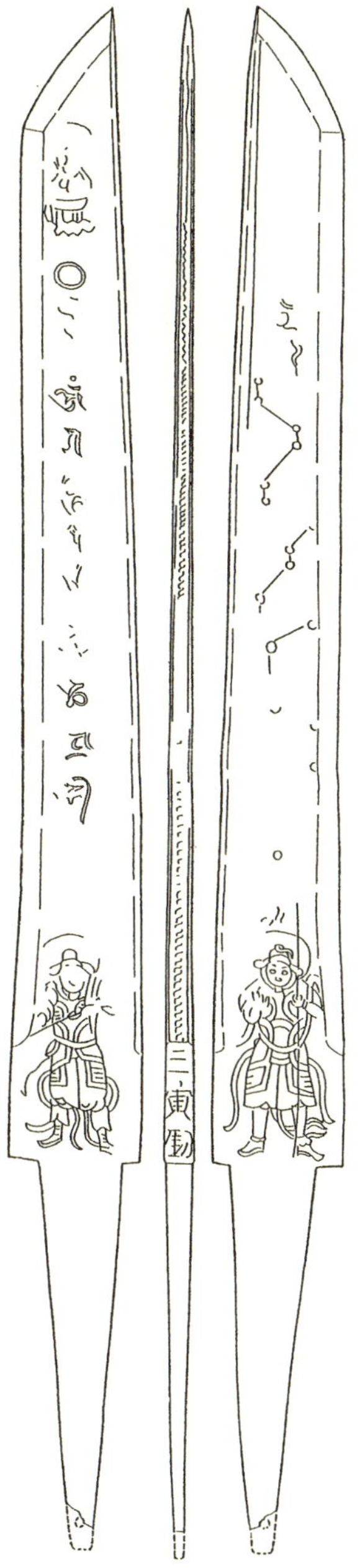

◀長野県小海町で伝わっていた「三寅剣」。刀身両面に星図・仏像・梵字が、峰の下部に「三寅釼」の銘がある。（畠山理介氏蔵）

を意識して作れば「四寅剣《よんいんけん》」となる。朝鮮の史書『朝鮮実録』には、朝鮮国王がこうした三寅剣・四寅剣を作り、臣下に配った様子を伝えている。現実に朝鮮半島にはいまも多くの三寅・四寅剣が遺《のこ》されている。寅は「子《ね》・丑《うし》・寅《とら》……」とつづく十二支のひとつであり、これにあたる日は「建日《けんじつ》」と呼ばれ、万物創造に好適の「支」とされている。そのため、その三重日・四重日が尊重され、万物創造にちなんで寅年・寅月・寅日・寅刻を選んで作刀されるのである。

ここで問題なのは、梵字九字である。ふつう、金石文《きんせきぶん》に梵字が登場するのは八世紀末から九世紀、最澄《さいちょう》・空海《くうかい》が持ち帰った仏教書や経に始まると考えられている。しかし、奈良時代、盛んに行われた写経の経典には梵字が書かれている例もあって、そのことから、早い時期に梵字が書写されていたことが想定されてはいた。だが、現実に書写した古例は見つかっていなかった。三寅剣は七世紀後葉の作刀・象嵌の例であるが、現存する最古の梵字の実例であり、梵字受容の経緯を語る重要な資料といえるだろう。剣は折損している柄端を復原すれば三十四～五センチ、小さい剣である。恐らく、四天王像に持たせるために、像容と真言をかえた四振の三寅剣を同時に作ったのであろう。畠山氏の三寅剣は毘沙門天像の持ちものであった可能性が大きいと考えられる。最古の梵字刻鏤《こくる》の三寅剣が、四天王のいわゆる執り物として登場すること、またそれぞれの梵字が真言として登場することからすれば、この剣が作られた当時、すでに梵字文化は成熟した世界にあったといってよいであろう。

◆則天文字の広まり

ところで、梵字とは別に、注目される文字に「則天文字」がある。則天文字とは、中国唯一の女帝として名高い則天武后《そくてんぶこう》が載初元《さいしょ》（六八九）年から神龍元《しんりゅう》（七〇五）年までの十五年間に公布した新字である。漢字は形・音・義が一字ごとにそなわっている文字だが、則天文字は、その字形だけを変え、音・義は変えない法則でつくり出された文字で、十七字を数える。載初元年正月一日、年号の改元に際して、こうした年月日などと関係する十二字を新字に改め、これを公布した。照（曌）、天（𠀑）、地（埊）、日（𡆠）、月（𠥱）、星（〇）、君（𠺞）、臣（𢘑）、載（𡕀）、初（𡔈）、年（𠡦）、正（𠙺）の十二字がそれである。二度目の載初元年九月九日には国の名を唐から周に変え、さらに天授《てんじゅ》と改元して、その際、授（𥠢）字一字を新字として公表した。三度目は長寿《ちょうじゅ》三（六九四）年改元して年号を延載《えんさい》、その十一月一日にはまた証聖《しょうせい》と改元、この際に、證（𨨒）、聖（𤯣）の二新字、國（圀）の一新字を作っている。四度目は聖暦元（六九八）年正月一日の改元時に、月（𠥱）を月（𡝕）に改め直し、あわせて人（𤯔）の字を新字として制定している。こうした四度にわたる改字公布で計十七字が則天武后制定の新字として誕生したのである。

則天武后は晩年、政変によって廃位され、中宗が即位する。中宗は神龍元（七〇五）年、国号を唐に戻して、祭祀の仕方や旗・服の色、官名などのほか、「天地等字」を一挙に改めたと、中国の史書『資治通鑑《しじつがん》』は記している。この「天地等字」が則天文字を指すことはいうまでもない。この則天文字の廃止はすばやく実行されたようで、廃止令が出されてからわずか二十日ほど後に書かれた墓誌で、君・人・地・年・月・日・天・載の字がすべてもとの字に帰り、則天文字が一掃されている例がある（蔵中進《くらなかすすむ》『則天文字の研究』、翰林書房、一九九五年）。

日本と唐の間の親密な外交関係もあって、この「則天文字」は日本にいち早く導入され、唐朝に対する憧れもあったせいか積極的に受容される。正倉院蔵の『王勃詩序《おうぼつしじょ》』は慶雲四（七〇七）年七月二十六日の記をもつ日本で書写された詩序であるが、その中に、天字三十一字、地字三十四字、日字四十一字、月字二十一字、星字七字、臣字一字、載字八字、初字二字、年字十九字、授字一字、国字三字、人字十六字、月（𠥱）字十字が則天文字で書かれている。ところが、この詩序の中には、また、君字九字、人字六十三字、聖字四字、国字五字、日字二字、月字二字、年字二字が旧字のままで使われている。則天文字（新字）と旧字がこの『王勃詩序』に並存しているのである。日本で書写するとき原本とした唐朝舶載の『王勃詩序』には正しくすべての則天文字が記されていたものの、日本での書写の間に両者が並存する形になったのか、もともと原本にも新字と旧字が並存する形で書かれていたのかはわからないが、こうした唐朝への憧憬の中で、則天文字は息づいているのである。

また、原本となった『王勃詩序』が則天文字を正しく使っていたとすれば、この中に六九八年に制定された月（𠥱）字、人（𤯔）字を含むだけに、六九八年から七〇五年の間の書写本が日本に伝えられたこととなり、七〇四年に日本に戻った遣唐使粟田真人《あわたのまひと》らが持ち帰った可能性大ということになる。

こうした則天文字は和銅元（七〇八）年の銘をもつ下道圀勝《しもつみちのくにかつ》・圀依母夫人《くによりのははふじん》の骨蔵器に

もみられる。下道朝臣《あそん》圀勝は遣唐使として知られる吉備真備《きびのまきび》の父で、夫人は真備の父方の祖母にあたる。この下道圀勝・弟圀依の二人の名に、「國」字のかわりに「圀」字が使われているのである。圀字の制定は証聖元（六九四）年である。吉備真備の誕生は持統天皇七（六九三）年説のほか、六九四・六九五、六九六年説がある。とすれば父にあたる圀勝の誕生は圀字の制定より前となるから、誕生時は「國勝」、真備誕生のころあるいはそれ以降に「圀勝」に替えていることとなる。好感のもてる新字として、魅力ある文字に兄弟が共に改字している様子が読みとれるのである。

則天文字は土器にも墨書されている。八世紀以降、土器に文字を墨書する慣わしは、関東、東北地方にも集中的にみられる現象であるが、その中に、則天文字を墨書する土器も含まれている。それらは字体などに共通の特色がある。正しく記される則天文字としては天・地・人・正の四字があり、とくに天・正字に集中している。また時に、

（内圏）銘　下道圀勝弟圀依
朝臣右二人母夫人之骨蔵器
故知後人明不可移破
（外圏）以和銅元年歳次戊申
十一月廿七日己酉成

◀下道圀勝・圀依母夫人骨蔵器。岡山県矢掛町出土。（岡山県圀勝寺蔵、岡山県立博物館提供）

天字については省画したり、加画したりする類字が圧倒的に多いことが指摘されている。つまり則天文字十七字のうち、天・正字に最大の関心がもたれていて、中でも天字は異体字的な作字感覚で書かれたり、〓・〓・〓字、あるいは〓・〓字のように、字の意味が天字と違うかもしれない字まで書かれるほど、各地に浸透しているのである。一方、字形として意表をつく日・月・星字、複雑な君・載・初・年字はほとんど墨書土器には登場しない。渡来系氏族が集中的に住んでいたと思われる群馬県・千葉県に則天文字が集中する背景に、彼らの父祖の地の文化への憧れと理解が窺えるのである。

『日本書紀』の記述によると、天武天皇は六八二年三月、境部石積《さかいべのいわつみ》等に『新字《にいな》』四十四巻を撰《えら》ばせているが、こうした動きは則天武后の新字制定の始まる載初元（六八九）年に先立つ動きである。なぜ天皇は『新字』を撰ばせたのか、その背景も、『新字』の内容も『日本書紀』には記されず不明であるが、こうした天武天皇の新字創出の動きが持統天皇に引き継がれるとすれば、則天文字は、持統天皇の代、第一次の十二字制定の段階でいち早く受容された可能性が大きい。将来、墨書土器の検討を通じて天武天皇のこうした『新

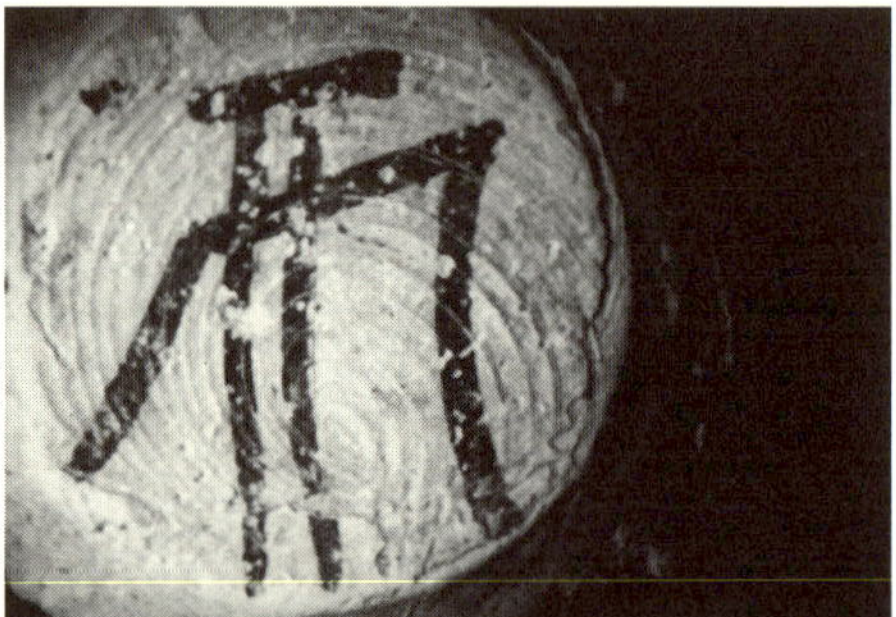

▶土器に墨書された則天文字。
上：八世紀代の須恵器坏底部に書かれた則天文字「埊」（地）。島根県松江市出雲国府跡出土。（松江市教育委員会蔵、島根県立八雲立つ風土記の丘資料館提供）
下：九世紀代の須恵器坏底部に書かれた則天文字「〓」（天）。山形県川西町道伝遺跡出土。（川西町教育委員会提供）

字』の内容を具体的に浮かび上がらせることになるかもしれない。こうした七世紀末の日中両国の間にみられる新字創造の機運は、実に注目すべき動向であるといえよう。

発掘は将来もつづく。そのたびに文字もこの世に顕現する。これらの一字一字を真剣に検討する中で、その時代時代の情報が読みとれるようになるのである。文字をめぐっては、日本列島での文字の始源を遡り求める視点、東北地方や南九州地方での文字の在り方を探る視点、戸籍や暦の広まりを窺う視点など、数多くの分野が存在する。文字の中心は漢字であるが、平仮名・片仮名の世界の他に梵字や呪字の、深い意味をもつ世界も大きく横たわっている。諸子あげて日本列島に息づいた文字文化にとりくみ、正しい位置に文字世界を据えることが大切である。新鮮な文字データを続々提供する考古学への諸学からの支援、その成果への国民的理解が機会あるたびに伝達できるような情報化支援を、強く期待する今日このごろである。

【付記】
本稿は、シンポジウム当日の講演を新たに再構成したものである。その際、当日さまざまな制約で不足した部分を補った。とくに最終章「文字世界のいろいろ」は本稿執筆にあたり、あらたに加筆したものである。

2 木簡から万葉集へ

日本語を書くために

犬飼　隆

はじめに

シンポジウム当日に配布されたレジュメの水野先生の発表要旨の一番おしまいに、こう書かれている。「日本最古の文字を追求し、文字が何に書かれ、何用に使用されたか、そうした課題に答えられる日はそう間遠くはないと考えている」。私たち国語学の分野では、「文字」と「字」を区別する。たとえば漢字は、本来、中国語という言語を書き表わす「文字」であり、今では日本語を書き表わす「文字」として欠かすことのできない存在になっている。ローマ字は、古代のローマでほぼ今のようなものに出来上がったので「ローマ字」と呼ぶが、英語を書き表わす「文字」であったり、ドイツ語を書き表わす「文字」であったり、多くの言語の「文字」になっている。このように、言葉を書き表わすものを「文字」と呼ぶ。そして、その「文字」の要素になっている一つ一つを「字」と呼ぶ。

「山」「川」といった漢字のそれぞれ、「A」「a」といったアルファベットのそれぞれが「字」である。そういう考え方からいうと、水野先生は日本の最古の「字」についてお話されたことになる。これから始まる話は、漢字というもともと中国語の「文字」が、日本語を書き表わすための「文字」として、どのようにして日本に取り入れられ、どのように改造され、定着していったのか、その初めのころの話である。

奈良の平城京が始まるのは西暦七一〇年。従来、私たちは、日本語に漢字が充分に定着したのは、八世紀、奈良時代になってからだと考えてきた。ところが、ここ数年の発見により、その考え方を改めなくてはならなくなってきた。奈良時代の前の藤原京の時代、さらにその前の時代の漢字の資料が、土の中から続々と出てきているのだ。これらの資料を見るかぎり、日本語の中に漢字が普及した時代をもっと繰り上げなくてはならないようだ。七世紀の後半くらいにはずいぶん多くの人が文字を使いこなしており、漢字で日本語を書くことも、私たちがかつて考えていた以上に非常に盛んに行われていた、そう考えなくてはならなくなってきたのである。

このことは、考古学や歴史学にも大きく影響する。たとえば、神武天皇以来の歴史を書きつづった歴史書に『日本書紀』『続日本紀《しょくにほんぎ》』がある。これらは奈良時代になってからまとめられたものだが、従来、考古学や歴史学では、「これらの歴史書は、まとめられた当時、すなわち奈良時代のものの考え方で書かれている」というとらえ方があった。しかし、最近の出土資料についての研究の結果、『日本書紀』や『続日本紀』の内容は、書かれているそれぞれの時代——たとえば天武天皇の巻なら、天武天皇の時代——の考え方がそのままに反映されている可能性があると考えられるようになってきている。

古代の日本語や古代の日本文学についても、その表記法、あるいは文学そのものの内容を考えるとき、どうやら今までの考え方を改めて、七世紀にはもう漢字をかなり使いこなしていたという前提で『万葉集』だの『古事記』だのを読まなくてはならない、そんな時代になってきた。

これは古代日本語、古代日本文学の研究史上、最近では二番目の画期ではなかろうかと思う。私が大学生だった昭和四十年代、日本の古代文学や古代語に関する研究は、非常に早い速度で発展した。そのころまでに『万葉集』や『古事記』が書かれた当時の文面を再現する研究（「本文校訂《テクストクリティーク》」）がすすんで一通りの完成の域に達したため、研究の土台として信頼できるテクストが誰にでも利用できるようになったからであった。またそのころ、一種の古代史ブームがおきて、研究書や歴史講座のたぐいがいくつも刊行されたので、国文学や国語学にたずさわる者も、それを利用して幅の広い考え方ができるようになった。木簡の発掘が始まり、その研究成果を国文学や国語学に取り入れはじめたのも、そのころからである。これはまさに一つの画期であった。今ふたたび、七世紀後半の漢字の資料がたくさん出てきたことにより、これから数年がまた新しい画期となるだろうと私は思っている。研究史上初めて、『万葉集』の初期の和歌や、『古事記』や『日本書紀』などの編纂に用いられた原資料を検討する手がかりが与えられたからである。二十年目の波である。多分、何十年か先には、あのときに学問が一挙に進んだ、と振り返られるに違いない。

漢字をどのように日本語へ適用したか

まず最初に、「漢字をどのように日本語へ適用したか」ということから話を始めよう。もともと漢字は日本語の文字ではない。古代中国語の文字であった。これを日本語に取り入れたわけだが、それには三つの方法があった。

◆音

一つ目は「音《おん》」である。漢字の音読みのことで、これは中国語をそのまま輸入したといってもよい方法である。古代の中国語を日本語風になまった形で取り入れ、そのまま日本語の単語にした。そのときの発音の仕方、これが「音」である。

漢字を音読みして日本語の単語として用いたのが「漢語」である。漢語は、はじめは外国語として意識されただろうが、次第に日本語の語彙として定着し、特別な地位を占めた。現代日本語の語彙の中でおよそ四割くらいが漢語だといわれている。

音読みの読み方にもいくつかある。たとえば「経」は経典の「キョウ」とも読むし、経験の「ケイ」とも読む。「行」は修行の「ギョウ」とも読むし、銀行の「コウ」とも読む。これは中国で歴史的に発音が変化したせいで、六世紀以前の古い中国語を真似したのが「キョウ」や「ギョウ」などの音で、いわゆる「呉音《ごおん》」である。六世紀以後の新しい中国語を真似したのが「ケイ」や「コウ」などの音で、いわゆる「漢音《かんおん》」である。多くの漢字がこのように二つの音読みを持っている。漢音は当時の中国における現代標準語というわけだが、奈良時代には、日本の朝廷は漢音を勉強するように奨励した。ちょうど今の学校教育で英語が必修になっているような扱いだった（湯沢質幸「上代における漢音奨励」『筑波大学 地域研究』6、一九八八年ほか）。そのため、同じ字でも、八世紀の初めまでは呉音で用いられたものが、次第に漢音で用いられるようになった。現代では呉音は仏教の用語などに少数使われるだけである。なお、鎌倉時代から後に新しく輸入された音もあり、たとえば「行」の行灯《あんどん》の「アン」のように三つ目の音読みを持つ字もある。これを「唐音《とうおん》」と呼ぶ。もっと新しく近代になって輸入された漢字の音、たとえば「老頭児」の「ロートル」などは外来語として意識されるので、音読みには入れない。

そのほかに、「止」という字、これは普通には停止の「シ」であるが、これを「ト」と読む場合がある。これは三世紀以前、三世紀以前といえば『論語』などが書かれた時代だが、このころの古い発音がなぜか残っているものである。恐らく朝鮮半島で一度定着し、それから日本にもたらされたので、中国と日本では五〇〇年くらいのタイムラグがあるのだろうといわれている。これは音読みの中でもとくに「古韓音《こかんおん》」と呼ばれている。『日本書紀』の中に古代の朝鮮半島の史料として引用されている文章に、この古韓音で読む字が出てくるのは、この音がそのようにして日本にもたらされた事情を示している。日本では七世紀の資料に見られるので、出土物に発見された文字資料について、それが七世紀のものであるかどうかを判断するときの一つの大事な手掛りになる。

◆訓

二つ目は「訓《くん》」である。「音」は中国語をなまって日本語にしてしまったわけだが、「訓」は漢字と同じ意味の単語が日本語にあれば、それをあてはめるというものである。たとえば中国語で「山」は「san」のような発音であったが、これをなまって「サン」と音読みする一方、日本語に同じものを指す言葉として「やま」があったので、「山」のもう一つの読みとして「やま」をあてはめたのである。

ただし、中国語と同じ意味の日本語といっても、意味の指し示す範囲が違っていたりして、一対一の対応関係になるとは限らない。だから、「川」も「河」も「かは」と読んだし、中国語は同じ単語が名詞にも動詞にも使われるから、「足」は「あし」とも「たる」とも読んだ。そのような事情で、漢字と訓との対応関係は、古代から現代に至るまで、複数対複数である。

このように、それぞれの漢字に日本語の単語をあてはめ、その日本語をその漢字の訓として定着させていくことが大規模に行われると、逆に、漢字で書いて訓で読ませることもできるようになる。これが、漢字で日本語を書き表わす第一歩である。

ただし、訓読みで日本語を書き表わそうとすると、日本語では普通の単語でも、中国語にはそれにあたる漢字がないときもある。固有名詞なら、この後に述べるように「仮借《かしゃ》」の方法で書いたが、いつも出てくる語は漢字で書けるようにしたいのが自然の成り行きだっただろう。たとえば「すさのおのみこと」のように人をうやまう時に付ける「みこと」は、それにあたる漢字がない。そこで、尊敬や命令の意味をとって「尊」や「命」で書くようにした。逆にいえば、「尊」や「命」に「みこと」という訓ができた。

こうして、漢字が日本語の文字になったとき、全体として「訓」を持つことになった。この、ほとんどの漢字に訓があって、一つの字が音と訓と両方に使い分けられるというのは日本語の特色である。訓はつまり、もとは中国語である漢字を日本語で読むわけで、たとえていえば「etc.」と書いて「などなど」と読むのと同じ作業をしていることになる。韓国語・朝鮮語にも漢語はたくさん入っているが、現代の朝鮮半島では、漢字で書いてあれば漢語系の語彙ということで、その発音で読むようになっている。ただ、後にも述べるとおり、古代の朝鮮半島では、漢字で書いて自国語で読むということが行われていた。これがおそらく日本語の訓読みのお手本になったと考えられている。

話はそれるが、この音と訓の両方があるというのが、日本語教育などに携わる人たちにとって難しい問題のようだ。日本語を教えるとき、発音はいわれるほど難しくない。日本語の発音は世界的に見れば単純な方に属している。文法も、人間がものを考えていく順序と日本語の文法は実はよく合っているという言語学者もいるくらいで、そんなに難しくはない。結局、一番困るのは漢字の音と訓だそうで、相当上級の日本語が上手な人でも、とっさに使い分けるのは難しいらしい。その運命は、奈良時代までに、訓というものが大規模に行われたときに決まったのである。

◆仮借

さて、三つ目が、「仮借《かしゃ》」という方法である。漢字は中国語を書くための文字だから、外国語の単語を書くための字はない。そういうとき、中国では古代から仮借の方法を使ってきた。これは、もともとは、ある漢字の表わす意味は棚上げして、発音だけを借りて、別の語を書き表わす方法である。たとえば「来」という字は本来むぎの穂の象形であったが、同じ発音の動詞を書き表わすために転用された。これが仮借であるが、古代中国では、これを外国語の発音を表わす方法に応用した。たとえばお経の中に「陀羅尼《ダラニ》」という部分がある。仏典はもともと古代インド語で書かれたわけだが、それを漢文に翻訳したとき、呪文の部分はもとの古代インド語の発音どおりに書きとめなくてはならなかった。となえる音そのものに意味があるからだ。そのため、この仮借の方法で書かれている。また、歴史書のたぐいでも、外国語を書かなくてはならない場合には仮借が使われ、漢字の音を用いてその外国語の固有名詞などの発音を表わした。たとえば有名な「魏志倭人伝《ぎしわじんでん》」に「耶馬台国」の女王「卑弥呼」が登場するが、これもその一つの例である。卑弥呼は「ヒ」という発音の漢字と「ミ」という発音の漢字と「コ」と読める漢字を並べて、当時の日本語の「ひみこ」を書き表わしている。多分、この「ひ」は「日」か「霊」、「み」は「御」か「女」、「こ」は「児」であろう。

この仮借の方法は、埼玉県の稲荷山《いなりやま》古墳の鉄剣の銘文に大規模に行われている。銘文は「辛亥年七月中記」という漢文で始まるが、その後にまず「ヲ」という音を持つ「乎」。それから「獲」、これは当時の人の耳には「ワ」に聞こえたようだ。そして最後に「居」、こちらは当時の人の耳には多分「ケ」に聞こえたようで、三文字で「をわけ」という人の名を書き表わしている。その四文字下がまた仮借で、「意」は当時は「オ」と読んだ。その次の「富」は「ホ」である。「比」は「ヒ」とすぐ読めるが、その下「垝」は多分「コ」と読み、合わせて「おほひこ」、「大彦」といういかにもありそうな日本人の名がここには書かれている。

　この「仮借」が日本語に定着して「万葉仮名《まんようがな》」になった。万葉仮名というのは、『万葉集』に多数使われているのでこの名が付いているが、『古事記』や『日本書紀』の歌謡などもこれで書かれており、広く使われた。使い方からみると日本語の発音を表わす仮名であるが、字としては漢字である。この万葉仮名を簡略化したのが平仮名・片仮名である。仮名ができるのは時代が下って平安時代のことになるので、これ以上はここでは触れない。

辛亥年七月中記乎獲居臣上祖名意富比垝……

▲埼玉県稲荷山古墳出土鉄剣の銘文（表［おもて］面・部分）。漢文に仮借で固有名詞が書かれている。（埼玉県立さきたま資料館蔵）

　このようにして、音と訓と仮借、仮借から万葉仮名、万葉仮名からさらにそれを崩して仮名という形で日本語の中に漢字が入ってきて定着した。

七世紀の文字資料

さて、はじめに述べたように、かつては、国語学や国文学の分野では、奈良時代以前の日本で漢字が使える人は本当に少数の知識人だけだったと考えられていた。その理由は、資料として利用できるのが『古事記』『日本書紀』『万葉集』などの有名な古典だけだったからである。その他に資料が全然なかったわけではない。一括して「推古朝遺文《すいこちょういぶん》」と呼ばれる聖徳太子関係の文献や石碑のたぐいがある。七世紀のものだが、どれも、断片的だったり、今残っている写本が新しい時代のものであまり信用できなかったり、利用しようとしてもいろいろ制約があった。それで、結局のところ、有名な古典だけを資料として考えるほかなかった。そうすると、『古事記』などは後で述べるように漢字を高度に使いこなして書かれているから、それだけの学力を備えていたのは、中国や朝鮮半島から渡来した人や、ひとにぎりのエリートに限られていたと考えるのは無理のないことだった。

その後、奈良時代の識字層の広がりはもっと大きかったと考えられるようになってきた。奈良の正倉院に一括して「正倉院文書《しょうそういんもんじょ》」と呼ばれる文書類がたくさん保管されている。ほとんどは漢文の公文書であるが、中には、役所のものであってもかなり日常的な内容の手紙などもある。また、美濃、下総《しもうさ》、九州で編纂された戸籍などもある。それらを役人が書いたわけだから、都でも地方でも、役所を中心に相当の識字層がいたと考えた方が自然である。役人の数というのは律令《りつりょう》の規定で見ていくと都だけでも一万人以上になるが、少なくともこの人々は漢字が書けたということになる。しかし、漢字を使うということがどの程度まで日常化していたのか、もう一つよくわからなかった。また、かつての考え方の延長で、役人だからといって誰でも字が書けたわけでなく、漢字を充分に使いこなせたのは少数だったのではないかという見方も残っていたし、都はともかく、地方では字の書ける人がそんなにいなかったという見方もあった。

ところが、平城京の跡から木簡が大量に出土して以来、当時の役人たちが漢字で文章を書き、日々、盛んにやりとりを行っていたことが確実になった。今の役所の仕事にたとえていえば、「正倉院文書」がワープロで打った正式の書類だとすると、木簡のやりとりは、伝票に数字と日付だけ書き込んで担当者の名を書いて送ったり、電話をかけて用を伝えるようなものだった。そのせいか、木簡に書かれた文章をみると、漢字の配列が漢文から離れて日本語の語順に近づいているものが多い。また、仕事にかかわるもののほか、万葉仮名で和歌などを書いたものもある。木簡には「正倉院文書」よりも日本語に密着した漢字の使い方が見えているといってよい。それで、八世紀には漢字が日本語に相当定着し、漢字を書くということが日常的に行われていたと考えられるようになった。

しかも、木簡の出土は静岡県の伊場《いば》遺跡をはじめとして地方からもあり、発掘調査がすすむにつれて全国に及ぶようになった。それで、漢字の普及は都だけの特別なことではなく、地方でもかなりの水準に達していたとみられるようになった。当時日本の政治体制は律令制度であったが、その律令制度が都だけで形ばかりに運営されていたわけではなく、地方にも律令に書いてあるような役所がちゃんとあり、役人がいて、彼らが漢字を使って漢文で文書を書き、日々行政を行っていたということになるからである。先に触れた地方の戸籍についても、都から行った役人が書いたのではなく、律令の条文（『戸令《こりょう》』）に規定されているとおりに、現地の郡の役人が原案を作成し、その国でまとめて清書したものが都に送られたと考えて差し支えがなくなってきた。

さらにこの二、三年、八世紀を遡って、七世紀後半の木簡や土器に墨で字を書いたもの、あるいは土器に字を刻んで書いたものが非常に多く出てくるようになった。このため、さらに五十年くらい、漢字の普及した時期を繰り上げて考えなければならなくなった。七世紀の後半には、八世紀と同じように、役人たちが漢字を使って仕事をしていたことが確実になってきたのである。

七世紀後半の資料は、奈良の飛鳥池遺跡をはじめとする都周辺の遺跡からも、徳島県の観音寺遺跡や長野県の屋代《やしろ》遺跡群といった地方の遺跡からも、木簡がどんどん出土している。また、土器に墨で字を書いた墨書《ぼくしょ》土器も、続々と出ている。今後も各地の遺跡から資料が発見されるであろうが、飛鳥池遺跡や観音寺遺跡、屋代遺跡群の出土品は大量にあり、まだ整理をしている最中である。この中からも「まだこんなすばらしいものがあった」という資料がどんどん出てくることは間違いない。

このことは、律令制度による文書の行政が七世紀後半にはすでに全国的に施行されていたことを示すだけでなく、『日本書紀』『続日本紀』に書かれている七世紀の記事が、八世紀に入ってから新しく書かれたのではなくて、それぞれの時代に本当にあったことにもとづいているのだろうという考え方を成り立たせる。いくつかその根拠になるものを見ていきたい。

◆歴史を語る木簡たち

まず最初に奈良の飛鳥池遺跡の資料を紹介しよう。ここから出た木簡に、「天皇」という字が書かれていた。「天皇」という称号はいつから日本で使われだしたのか。これは長い間謎だった。現在でも、いつからかはわからない。かつて王《おおきみ》であった人が天皇となったわけだが、その時期を考えるときに、この飛鳥池遺跡の木簡はひとつの手がかりになる。この木簡は七世紀の後半ということが確実なので、少なくとも、天智天皇や天武天皇、あるいは額田王《ぬかたのおおきみ》などが生きていた時代には、「天皇」という称号は使われていたということになる。

また、同じ飛鳥池遺跡の木簡で、「次米《すきのこめ》」という字を書いたものもある。現在「次」という字は「つぎ」と読んでいるが、七世紀後半の日本語では「すき」とも読んだらしい。『日本書紀』の天武天皇の巻にその証拠がある。古代語の音韻について詳しく説明すると長くなるのでここでは省略するが、当時の「す」は現代の「す」より「つ」に近い発音だったことと、「き」と「ぎ」の清濁が現代と違って区別されないときがあったことから、

天皇聚露弘□寺

丁丑年十二月三野国刀支評次米

▶奈良県飛鳥池遺跡出土の木簡。ともに七世紀後半のもの。律令制度の語句が見える。（奈良国立文化財研究所提供）

「すき」とも読めたのであろう。

ともかく、この「すき」というのは、当時あった「悠紀《ゆき》」「主基《すき》」という制度の「すき」を指す。朝廷の秋の収穫の祭として、「大嘗祭《おおにえのまつり》」という行事がある。大嘗祭ではその年にとれた新しい稲、新しく醸《かも》した酒を神に捧げ、一年の実りを祝う。朝廷は大嘗祭を行うとき、ある国のある郡に、「今年は米を出すように」「酒を出すように」と指示する。その指名される国には正副があって、正責任者になる国は東方の国で、これを「ゆきのくに」という。「ゆきのくに」の、ある郡から、大嘗祭のために米と酒を献上するのである。正に対して副になるのが「すきのくに」である。「次《すき》」はどうやら「悠紀の次」という意味らしい。これは西方の国が指名されることになっていた。

この「ゆき」「すき」という制度は律令の規定の中にあるのだが、そういう制度がこの時代に実際に行われていたことがこの木簡からわかるわけだ。この木簡の場合、「次国《すきのくに》」として米を出す当番に当たった三野（美濃）国のことがらが書かれている。

徳島県観音寺遺跡では、「五十戸」と書いた木簡が見つかっている。これは「さと」と読むものである。律令制度では、家の数によって、「里《さと》」「郡《こおり》」「国《くに》」という単位に行政区画を区切っていたが、七世紀には、「里」をこのように「五十戸」と書いた。五十戸で一つの里

波尔五十戸税三百□
高志五十戸税三百十四束

◀徳島県観音寺遺跡出土の木簡。七世紀後半のもの。「五十戸税」と書かれている。（徳島県立埋蔵文化財総合センター提供）

を形成していたわけである。観音寺遺跡は阿波国府《こくふ》の跡ではないかといわれているので、七世紀の阿波の国にその「里」＝「五十戸」という行政区画が実際にあったことがわかる。

また、長野県屋代遺跡群からも多くの木簡が出土している。屋代遺跡群の木簡は七世紀後半から八世紀の初めくらいまでかなり年代幅が広いが、ここであげた「郡符《ぐんぷ》木簡」は八世紀に入ってからのものとされている。まず最初に「符」という字がある。これは手紙の形式を示す言葉で、上級の機関から下級に命令する文書であることを示す。その下の「屋代郷長」とは、屋代郷を統括していた、今でいう村長にあたるような役割の人物である。「里正」はその下の里を統括していた役割の人物である。これも、家の数によって大小の行政区画を定め、それぞれに統括責任者を置いて、律令制度を実施していたことを示す証拠といえる。

このように、飛鳥池のような都の近くだけでなく、地方でも、行政にかかわる用語を書いた木簡がたくさん出てきている。律令制度の行政が、漢文を使って、木簡を使って、全国で行われていたことがわかる。

符　屋代郷長里正等
敷席二枚　鱒□升　芹□
匠丁粮代布五段勘夫（ママ）一人馬十二疋
〔神〕□宮室造人夫又殿造人十人

▶長野県屋代遺跡群出土の郡符木簡。八世紀前半のもの。木簡としては異様に大きい。（長野県埋蔵文化財センター提供）

◆古代人の文字生活① 手習い

さて、ここまで述べてきたことは、政治、あるいは歴史の問題に非常に密着したことがらであったが、私たちのように言葉を研究している者からすると、このあたりからがもっとおもしろい話となってくる。

こうして漢文の文書をやりとりしていたのだから、当然、役人は漢文が書けなければならなかった。そこで漢字の練習をした。また、ひとつひとつの漢字の練習だけでなく、上手な漢文が書ける練習もした。その、漢字や漢文の練習をした証拠というのが出ている。ちょうど今の私たちなら、手に職をつけるために英会話を習っておくとか、英語を使ってインターネットのやりとりができるように練習するが、当時の役人にとっては、漢字が書けて、漢文で上手な文章が書けること、これが有能であるための大事な素養だったのである。

漢字を練習していた証拠はたくさんある。たとえば『千字文《せんじもん》』。『千字文』は、中国の梁《りょう》の時代、六世紀前半につくられた本であるが、異なる字を千字使って四言ずつ二五〇句の詩の形式にしたてたもので、漢字を覚えるための初級の練習に使われた。平城京跡から出た霊亀《れいき》二年（七一六）三月の年号を書いた木簡に、当時の人が『千字文』を見て漢字の手習いをした証拠がある。「天地玄黄宇宙洪荒日月」とあるのが『千字文』の書き出しの二句と次の句の二字である。その上に「池池」という関係のない字があるので、『千

◀平城京跡薬師寺境内出土の木簡。八世紀前半のもの。『千字文』の冒頭部分が書かれている。（奈良国立文化財研究所提供）

池池天地玄黄
宇宙洪荒日月
霊龜二年三月

文選五十六巻

言臣善言竊以以道光九九野臣善言竊以道

▶平城宮跡出土の木簡。右は八世紀後半のもので、『文選』の書名が見える。左は八世紀半ばのもので、「臣善」の文字が見える。(奈良国立文化財研究所提供)

字文』そのものを書き写そうとしたのではなく、漢字を練習するためにその語句を書いたことがわかる。

　また、やはり六世紀につくられたもので、『文選《もんぜん》』といって、中国で古来から書かれた上手な漢文のたぐいを抜粋して集めた美文・名文集がある。今でいうと、「文書作成の手引き」「手紙の書き方」のようなものである。ワープロソフトにも、文のひな形がいろいろ収録されていて、そこに日付や人の名前などを入れれば上手な文章が書けるというものがあるが、それの古代中国版と考えればいいだろう。『文選』はこうした「上手な文章を書くための本」の一番元祖、かつ大変すぐれたものだった。それで、律令の役人になるための採用試験では、「進士《しんし》科」というコースで『文選』が出題に指定されていた。

　この本の字句を書いた木簡も多い。「文選五十六巻」と書名を記したものが平城宮跡から見つかっているし、「臣善」という字句を書いたものもある。『文選』は六世紀の前半に作られたのだが、唐代（六一七～）の初めに、李善《りぜん》という学者が、大変詳しい注を付けた。これを「李善注」という。『文選』の実際の本は、この李善が注を付けた「李善注本」という形で多く使われていた。この木簡に「臣善」とあるのは恐らく李善のことで、日本での『文選』の勉強もこの「李善注本」を使っていたことになる。

なお、『文選』の木簡について、東野治之《とうのはるゆき》氏がおもしろいことを指摘している（『同時代ライブラリー319 木簡が語る日本の古代』岩波書店、一九九八年）。『文選』は全体で六十巻の大きな本であるが、木簡に書いてある文章の巻数を見ると、初めと終わり、一、二、三巻と五十二巻や五十六巻ばかりが出てくるという。『文選』を勉強するといいながら、実は真ん中をはしょって初めと終わりだけ勉強し、全部勉強したことにしていたらしい。ただ、東野氏は、これは古代人がふまじめだったわけでなく、中ほどの巻は詩を集めた部分なので、仕事に直接役にたつ文章を集めた部分が読まれたということだといっている。

さて、ここまでに紹介した手習いの木簡は平城京跡から出土したものだが、同じような

◀徳島県観音寺遺跡出土の木簡（部分）。七世紀前半のもの。『論語』学而篇の冒頭が書かれている。（徳島県立埋蔵文化財総合センター提供）

子曰　学而習時不亦□乎……

木簡は地方からも見つかっている。秋田県秋田城跡からも八世紀半ばの『文選』木簡が出ているし、観音寺遺跡や屋代遺跡群では、『論語』の一部分を書いた木簡が出た。『論語』もよく勉強していたらしい。儒教は役人の素養として必修だったから、当然であろう。観音寺遺跡の木簡には、「子曰学而習時」という、高校の古典で誰もが教えてもらう一節が書かれている。

◆古代人の文字生活② 字書木簡

次に、古代人が漢字の音読みや訓読みを勉強していた証拠をあげよう。

飛鳥池遺跡から出た木簡の一つに、「字書木簡」あるいは「音義《おんぎ》木簡」と考えられているものがある。この木簡の一番上に「熊」という字がある。現在、「熊」は音読みで「ユウ」と読むが、この木簡の「熊」の字の下には、「汙吾」という万葉仮名が書いてある。多分、片仮名で書けば「イグ」か「ウグ」か「ユグ」にあたる音である。この木簡に書かれた内容の詳細はまだ検討中であるが、いずれにしてもこれは、漢字の音読みを書いた木簡である。なお、「熊」の下の方の文字の中に「上」「下」があるが、これは、多分、字の順序を入れ替えるように指示したものである。この木簡を書いたとき、何かもとになる本を見ていたのであろう。つまり、当時すでに、このように漢字とその読み方を記した本があったのだろう。今でいう字典のようなものである。それを使って漢字の勉強をしていたわけだ。

滋賀県の北大津《きたおおつ》遺跡から出た木簡には漢和字典を写したようなものがある。これも七世紀後半のものであるが、一番右の行の上部に、「賛」という字がある。これを日本語で「たすく」と訓読みせよということで、「田須久《タスク》」と書いている。現在でも「賛」の字は「協賛する」「援助する」などの意味に使われるが、それにあたる「たすく」である。右下に目を移すと、「誈」という字があり、これにも「あざむかもやも」と二行にして訓読みが書かれている。「阿佐ム加ム移《アザムカムヤ》母《モ》」、このうち、「移」という万葉仮名を「イ」でなく「ヤ」と読むのは、先に述べた朝鮮半島に残った古い発音、すなわち古韓音で、七世紀の読み方だという証拠に

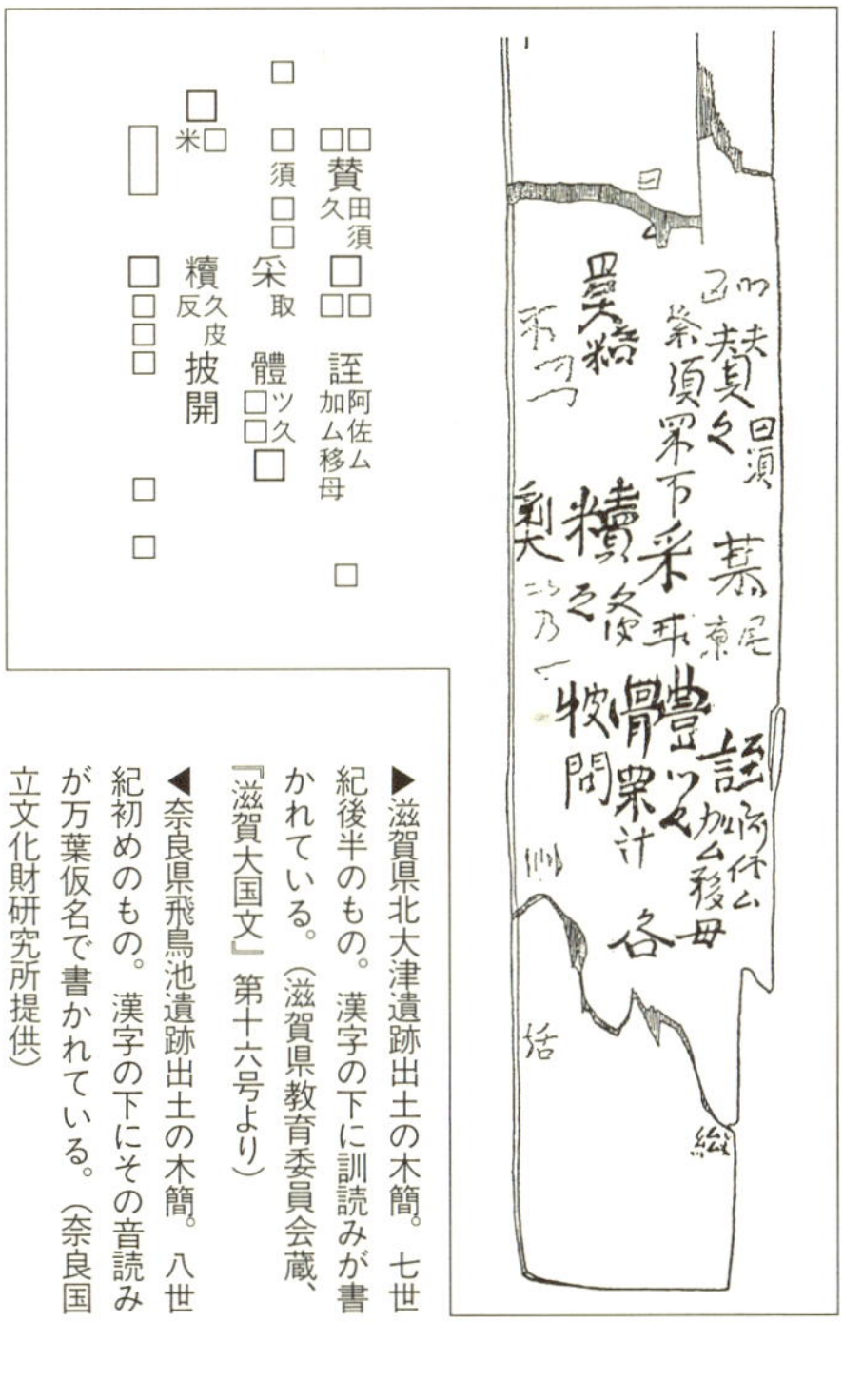

▶滋賀県北大津遺跡出土の木簡。七世紀後半のもの。漢字の下に訓読みが書かれている。（滋賀県教育委員会蔵、『滋賀大国文』第十六号より）

◀奈良県飛鳥池遺跡出土の木簡。八世紀初めのもの。漢字の下にその音読みが万葉仮名で書かれている。（奈良国立文化財研究所提供）

熊 吾汗 羆彼 下 迊 布ナ 戀尔□〔累〕 蔦 上 横 詠 營詠

蜚 伊皮 尸之忤懼

なる。

また、観音寺遺跡からも「椿」の訓「つばき」などを書いた木簡が出ている。「ツ婆木」などという字の使い方は、平安時代初期（九〇〇年頃）の『新撰字鏡《しんせんじきょう》』という字書によく似ている。また、この略体の万葉仮名の「ツ」は古韓音の万葉仮名と一緒に使われることが多い特徴的な字である。さらにまた、「つばき」という訓自体が、「椿」という字が本来表わす植物とは異なる。日本の「つばき」は常緑樹だが中国の「椿」は落葉樹である。つまり、この「つばき」はいわゆる国訓《こっくん》である。それが七世紀末の木簡にすでに書かれている点も興味深い。この木簡はいろいろな点で興味深いもので、これから研究がすすむだろう。

このように、字書にあたるような内容を書いた木簡がいくつもあるので、漢字字典や漢和字典のようなものが当時すでにあって使われていたことがわかる。

こうして、七世紀の後半には文書のやりとりが盛んに行われ、それに従って、多くの人が漢字や漢文を練習していたことがよくわかるようになった。

なお、飛鳥池遺跡からは、とても下手な漢詩を書いたものも出ている。漢詩の語句を手習いした木簡はこれまでにも平城京跡から見つかっていた。漢文を習い漢字を習う一環として、漢詩を習ってもおかしくないし、中国では漢詩をつくることが役人の教養の一つだったから、それをまねたのかもしれない。

ただ、飛鳥池遺跡の木簡は、平仄《ひょうそく》（発音の高低の変化で漢字を平字と仄字に分け、その組み合わせによって漢詩の韻律を整える規則）も何も合っていない。私が話す英語程度の漢文ということになるが、五字ずつ四行なので五言絶句《ごごんぜっく》を書こうとしたように一応は見える。当時の人々の漢詩のレベルがこの程度ということを示すものかもしれないが、しかし、あるいは、これは漢詩でなく、何か日本語の韻文を漢字で書いたもの、たとえば『万葉集』の「柿本人麻呂歌集」のようなものの先駆けかもしれない。

【付記1】

このシンポジウムの直後、観音寺遺跡の七世紀末の木簡に「奈《ナ》尓《ニ》波《ハ》ツ《ッ》尓《ニ》作《サ》久《ク》矢《ヤ》己《コ》乃《ノ》波《ハ》奈《ナ》」と万葉仮名で和歌を書いたものがあったことが発表された。『古今和歌集』の仮名序に出てくる「難波津に咲くやこの花…」の歌と考えられる。この歌の習書は、醍醐寺五重塔の天井板に書かれた八世紀初めの落書きにもあり、これまでに八、九世紀の木簡や墨書土器にも少なからず見つかっていた。『古今和歌集』の仮名序には、この歌を指して「うたの父母のやうにてぞ、手習ふ人のはじめにもしける」と記述がある。それらの習書は、その記述が歴史的事実にもとづいていることを示す証拠といわれてきたが（東野治之「平城京出土資料よりみた難波津の歌」『萬葉』第九十八号ほか）、この木簡が出てきたことによって、それが七世紀にすでに行われていたことがわかっただけでなく、「うたの父母」ということの解釈も考え直す必要が生じてきた。七世紀末は『万葉集』の歌の成立期にあたるので、和歌を書くこと自体が、律令の役人たちにとって、何らかの必要性にもとづくことであったとも考えられるのである（犬飼隆「観音寺遺跡出土和歌木簡の史的位置」『国語と国文学』七十六巻五号、一九九九年）。

朝鮮半島の文字文化の影響

さて、日本語に漢字を適用するにあたっては、やはり朝鮮半島との関係が非常に重要だったようで、国語学の分野でもこの点に注目している。そのことがわかる例をいくつかあげて説明しよう。

まず、藤原宮木簡の例であるが、「恐々受賜申大夫前筆」という語句を書いたものがある。この下から二番目の「前」という字は、今でいう「御中」に当たる。「大夫」あてにうやまって申し上げる、ということである。歴史学では、この「誰々の前に申す」という形式の上申《じょうしん》文書を「申前《しんぜん》文書」と呼んでいるそうだ。これが藤原京の木簡、つまり七世紀の終わりごろの木簡によく出てくるのだが、なぜか奈良時代以降はこういう形式は少なくなっていく。

この「前」という字を宛名の下に付ける用法は、朝鮮半島の文書形式と関係があるらしい。「戊辰年正月十二日」という言葉で始まる木簡は、韓国で出土したものである。韓国の河南《ハナム》市、二聖山城《イソンサムソン》という百済《くだら》の時代の遺跡から出た。「戊辰」という干支は、七世紀代には六〇八年と六六八年の二つがある。書かれた内容が戦争にかかわる狼煙《のろし》に関してのことなので、韓国の学者たちは六〇八年に高句麗《こうくり》と百済が戦争したときの木簡だと考えてい

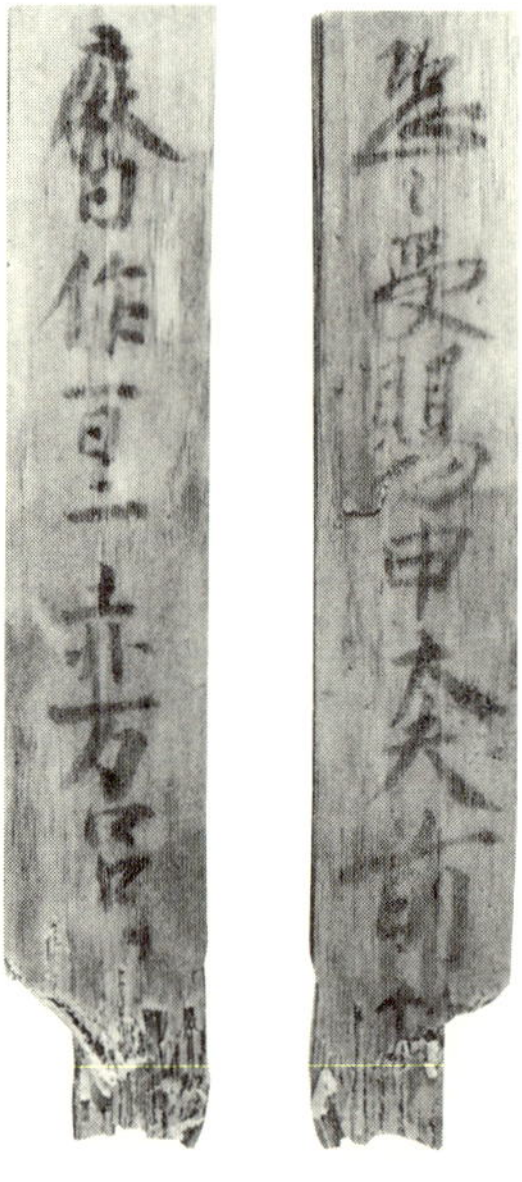

恐々受賜申大夫前筆

暦作一日二赤万呂□

▶藤原宮跡出土の木簡。七世紀末～八世紀初めのもの。表［おもて］面下方に「前」の字が見える。（奈良国立文化財研究所提供）

るそうだ。この木簡にも、まず役職名にあたる「須城道使村主」、その後に「前」とあり、恐らくこの上の方には「申す」にあたる字があったに違いない。この宛名に「前」を付ける手紙の形式は現代の韓国でも伝統的に使われているそうである（李成市「新羅と百済の木簡」『木簡が語る古代史』上、吉川弘文館、一九九六年）。このようなことから、藤原宮木簡の「申前文書」も朝鮮半島と関わりが深いのであろうということになる。

次に、先に述べた北大津遺跡の木簡（六六頁）の「阿佐ム加ム移母《アザムカムヤモ》」の「移」のように、普通「イ」と読んでいる漢字を「ヤ」と音読みする、あるいは、「止」のように、普通「シ」と読んでいる漢字を「ト」と音読みする、古韓音という発音があること。これも朝鮮半島からの影響である。古韓音による万葉仮名は、七世紀前半の「推古朝遺文」にも「有麻移刀《ウマヤド》（厩）」（「元興寺露盤銘」）などの例があり、推古天皇の時代の文献を書いた人は半島からの渡来人であった可能性が大きいといわれている。『日本書紀』の中に朝鮮半島の文献からの引用として書かれている文章にも見られる。たとえば欽明天皇の巻には「弥移居《ミヤケ》（宮家）」の例がある。木簡には、八世紀に入ってからも、人名「蘇宜《ソガ》」の「ガ」のように、古韓音で使われた万葉仮名が見られる。古い用法の名残りであろう。「蘇宜」は大宝二年（七〇二）の美濃国加毛《かも》郡《のこおり》半布里《はにうのさと》の戸籍にも見られる。これも七世紀の用法の名残りであろうが、あるいは、この戸

◀韓国二聖山城一次貯水池出土の木簡。七世紀初めのもの。（『二聖山城〈三次発掘調査報告書〉』漢陽大学校博物館叢書第十二輯より）

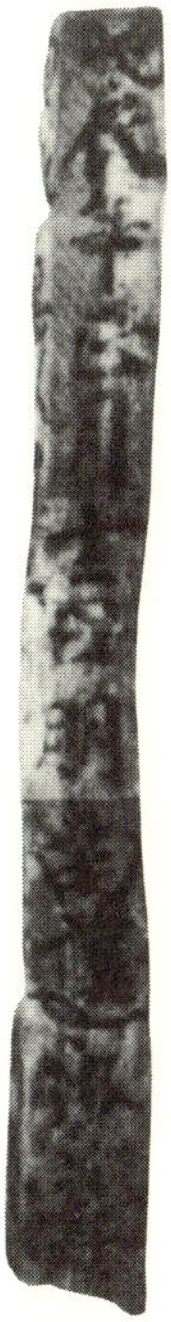

戊辰年正月十二日朋南漢城道使

須城道使村主前南漢城城火□

籍に渡来系の氏族とされる「秦人《はたひと》」が多く記載されていることとも無関係でないかもしれない。

もう一つ例を挙げよう。韓国の慶州市、これは新羅《しらぎ》の都であるが、雁鴨池《アンアップチ》という遺跡がある。西暦六七九年に造営された新羅の東宮《とうぐう》の宮にあたるもので、庭園の池は前もって六七四年に造られたそうである。その池を発掘したところ、木簡のほかに、鍵に「東宮鎰」という字を刻んだものが出土した。この「鎰《イッ》」という字は中国では金属の重さの単位だが、日本ではこれを古くから鍵の意味で使う。『和名類聚抄《わみょうるいじゅしょう》』という平安時代（九三四年成立）の辞書があるが、そこに「今案俗人印鑰之処用鎰字非也（今どきの人が鑰と用いるべきところをこの鎰という字を用いるのは間違いである）」という記事があり、誤用と認識されながら広く行われていたことがわかる。新羅にも古く同じ用法があったわけだから、このような中国本家とは違う、脱線した漢字の使い方も、朝鮮半島と日本とで一致していることになる。恐らく影響関係は朝鮮半島から日本へという順序であろう。

日本語の文を書く工夫

ここまで、漢字の使用がどのように広がっていたか、それが、言葉を書き表わす「文字」として使うことにどのように関係するか話してきた。では次に、日本語の文を書くために漢字をどのように使っていったか、その話に進んでいこう。

◆「漢字」を「日本語」に

木簡や墨書土器がたくさん出土して、古くから漢字を使っていたことはよくわかったのだが、それと「日本語の文を書くために漢字を使う」ということは、すぐには結び付かない。たとえば長野県の屋代遺跡群の木簡（六二頁）だが、最初に「符」とあり、続いて「屋代郷長」とある。これを日本語に直して読むとすれば、「屋代の郷長《さとおさ》に符す」となるが、果たして、そんなふうにいちいち日本語として読み上げたのだろうか。ちょうど今、私たちも英語などを使う場合に、しっかり英会話ができなくても、書いてある単語がいくつかわかれば用の足りることがあるのと同じで、漢字の字面《じづら》だけ見て用向きがわかり、必ずしも文章として読んでいなかったのかもしれない。当時の日本語で「符」を訓読みしたとすれば「つたふ」などが考えられるが、「符」が上級から下級の機関へ命令する文書の形式であることを知っていれば、それを見ただけで用向きがわかっただろう。いちいち「やしろのさとおさにつたえる、あ、そうか」というように理解したとも思えない。

そうすると、このような木簡がいくらたくさん書かれたからといって、漢字を使って日本の事柄を伝えるということは成り立っていても、即、漢字で日本語の文を書けたということにはならない。そういう意味で大変おもしろい重要な資料がある。

それは、滋賀県西河原森ノ内《にしがわらもりのうち》遺跡から出た、七世紀の後半の木簡である。この木簡に書かれた文章は、ちゃんと日本語として読めるように書いてある。まず、表《おもて》面の真中あたりに「者」という字がある。「者」は、漢文では「あるものを特別に取り立てて示す」意味の字だが、『古事記』などでは、漢文の用法から離れて、日本語の係助詞の「は」を表わす字になってしまっている。この木簡の「者」も同じで、ここでは文の主題の「稲は」の「は」にあたる。

同じく、裏面の五番目の「而」、この「しこうして」という字は、漢文では接続詞にあたるものだが、『古事記』や『万葉集』では、日本語の接続助詞「て」を書き表わす字になっている。この「而」も動詞「率る」の連用形に付いた「て」にあたる。その下には「可」という字があるが、これもやはり意味が日本語的に固定されて、助動詞の「べし」をあらわしている。このような助詞や助動詞にあたるものを文字に書くことによって、意味が明確に伝わるだけではなく、日本語の文として読めるようになっている。

さらにおもしろいのは表面の四番目の字で、「之」とある。この字は同じく表面の下から六番目にも出てくる。裏面へいくと、「也」の字も見える。古代の朝鮮半島の自国語風にくずした漢文では、「之」の字は文が終わる句点「。」にあたるところに書き、「也」という字は今でいう「段落」のように、文章が大きく終わるところで使うそうである（藤井茂利『古代日本語の表記法研究』近代文芸社、一九九六年）。この木簡の末尾に出てくる「旦波博士」は「たにはのふひと」と読むが、この氏族は渡来系といわれており、このあたりにも、朝鮮半島からの影響がうかがわれる。それはさておき、そういう字を使っていることで、この木簡は文の区切り方もわかるようになっている。

しかも、さらによく見ると、「也」の下はちゃんと一文字分あけてある。この木簡の内容を読んでみると、「也」までは、「椋直《くらのあたい》が、自分の所有している稲を取りに行こうとしたが、馬がいなかったから持って来られないで帰ってきた。だから、卜部《うらべ》さん、あなたが舟の人たち（?）をつれて自分で取りに行ってください」という話が書いてあり、それが終わって次に、「どこにその稲があるかというと、衣知評《えちのこおり》……」という次の話になっている。そこでわざわざ一文字分間隔をあけており、まさに文章の切れ目を示している。

表記の上でこのように、助詞や助動詞を文字であらわし、文の区切り方も示すようなことをすると、用件が伝わるだけではなく、日本語の文の形に読めるということになる。この木簡は、そのまま次のような日本語として読むことができる。

椋《くら》の直《あたい》伝う。我が持ち往《き》たりし稲は、馬得ぬ故《ゆえ》に、我は返り来し。故《かれ》、汝《なんじ》卜部、自ら舟の人率《い》て行くべし。其の稲の在処《ありか》は、衣知の評の平留《へる》の五十戸《さと》の旦波博士《たにわのふひと》の家ぞ。

◀滋賀県西河原森ノ内遺跡出土の手紙木簡。七世紀後半のもの。（中主町教育委員会提供）

椋□〔直〕□〔伝〕之我□〔持〕□〔往〕稲者□〔馬〕□〔不〕得故我者反来之故是汝卜ア

自舟人率而可行也　其稲在処者衣知評平留五十戸旦波博士家

こういう森ノ内遺跡木簡の文章のような、日本語の文として読める、漢文としては大きく崩れたものが変体漢文である。これを、高度に整備して発達させていくと、『古事記』の文章になる。

◆『古事記』の漢字使用の工夫

『古事記』の文章は、木簡に書かれたような変体漢文と基本的には同じ性格だが、それを、非常に洗練したものである。

『古事記』を書くために使われた漢字を見ると、あまり多くの種類を使っていない。使っている字も、たとえば『古事記』が作られたのと同じ時代の長屋王家木簡と比べてみると、大体同じである。つまり、当時として普通の漢字を選んで書かれたといってよい。また、文章全体は変体漢文だが、歌謡をはじめ、万葉仮名で日本語を書いたところもある。その万葉仮名も、大体当時として普通のものを使っている。しかし、それぞれの字の使い方はすばらしく洗練されている。いくつか例をあげよう。

まず、漢字を訓読みで使う場合、一つの字は一つの訓で読むように統一をはかっている。しかも、訓が同じでも、意味によって漢字を使い分けているときがある。たとえば、建物を「つくる」ときは「造」、田を「つくる」ときは「営」、他のものを「つくる」ときは「作」を使って書いている（『古事記』日本思想大系1「同訓異字一覧」岩波書店、一九八二年）。また、「依」も「因」も原因・理由をあらわす漢字だが、『古事記』では、動詞の「よる」「よす」は「依」で書き、「…（に）よりて」のように返読して読むときは「因」

で書いている（古賀精一「古事記・日本書紀の用字」『国文学言語と文芸』第八十三号）。木簡ではそういうことはない。「つくる」と読めさえすれば「造」も「作」も区別なく使うし、「依」と「因」の使い分けもない。

また、万葉仮名として漢字を使うとき、できるだけ一つの発音に一種類の字だけをあてるように心がけている。しかも、前後の文脈の中で、そこを万葉仮名として読むことがわかるように工夫している。たとえば「於」「乎」「可」は万葉仮名としてよく使われた字だが、『古事記』にはほとんど用例がない。変体漢文体の部分で助辞として頻繁に使うからだ。さらに、八世紀初めに書かれたのだから古韓音による万葉仮名も使おうとすれば使えたはずだが使っていない。漢音も避けている。漢音は当時まだ日本に入ってきたばかりで充分に普及していなかったからだろう。つまり、当時として一番なじみやすい音読みを選んで、万葉仮名を統一的に使っているわけだ（犬飼隆「文字言語としてみた古事記と木簡」『古事記研究大系11　古事記の世界（上）』高科書店、一九九六年）。

そのうえ、同じ語を書くのに、その語が使われている文脈にあわせて、わざわざ漢字で意味を表わしたり、万葉仮名で表音的に書いたりしているところまである。たとえば、当時、兄弟姉妹などを表わす言葉の上に「いろ」を付けて同じ母親から生まれたことを示した。「いろせ」なら同母の兄弟である。この「いろ」という語の場合、漢字で「同母」と書けば、系譜の記事で法律的な血縁関係を表わし、万葉仮名で「伊呂」と書けば、権力あらそいの場面で、兄弟姉妹の血縁からくるきずなを表わしている（犬飼隆「接頭辞『いろ』を万葉仮名と正訓字とで表記した意図」『上代文字言語の研究』笠間書院、一九九二年）。

『古事記』の文章は、このようにさまざまな工夫を凝らして、日本語の文としてただ一つの読み方ができるように書かれている。七世紀から変体漢文で日本語の文を書く経験が営々と積み重ねられてきたわけだが、『古事記』はそれを集大成したものだといえる。日常の用向きを伝えるのが目的の木簡と違って、天皇の命令で正しい歴史を記述するという事情のために、そのような書き方が行われたのだろう。

しかし、こういう凝りに凝った書き方をしても、世間一般の人は、思ったように正しく読んでくれるとは限らない。『古事記』の文章は、たとえていえば特別仕様でつくられた試作品のようなもので、同じものを大量生産して誰にでも使えたわけではなかった。普通、変体漢文は、日本語の文として読もうとすれば読めるが、一字一句、一つの読み方しかできないものではない。あくまで、日本語の意味が伝わることが目的の文章である。

◆宣命書き

次に、「宣命書《せんみょうが》き」について述べよう。左に掲げたのは平城宮跡から出土した木簡だが、「苦在」とあって次に、小さな字で「牟」とある。これは、「苦《くるしく》在《あら》む」の「む」という助動詞を送ったものである。このような書き方を「宣命書き」という。中国語は助詞や助動詞にあたる単語がほとんどないのが特徴の言語で、当然、漢字にもそれにあたるものは少なかった。また、中国語の動詞は活用しないから日本語の活用語尾も漢字で書けない。それらを万葉仮名で書き、名詞や形容詞や動詞の語幹などにあたるところは漢字の意味を用いて書いたわけだ。

「宣命」とは、本来、天皇の命令を口頭で伝えるための文章を指していう。口で読み上げて耳を通して伝えられるように、助詞などがわかるような書き方をした。そこから転じて、宣命のような書き方を「宣命書き」と呼び、そのスタイルの文章を「宣命体」と呼ぶ。

この木簡は宣命書きの木簡のなかでも比較的新しいので、助詞のところを小さな字で書いている。これを「宣命書き小書体」と呼んでいる。助詞なども名詞などと同じ大きさの字で書いたものもあり、それは「宣命書き大書体」と呼ぶ。

宣命書きの大書体と小書体とでは、大書体が古い形で、七世紀まで行われ、それをもとにして小書体が作られたと、つい最近まで思われていた。平城京の前の藤原京の木簡をみるとみな大書体で、小書体のものはもっと後の時代にしか出てこなかったからである（小谷博泰『木簡と宣命の国語学的研究』和泉書院、一九八六年）。もともと助詞や助動詞なども、

◀平城宮跡出土の木簡。八世紀後半のもの。助詞・助動詞や活用語尾が小書で示されている宣命小書体。（奈良国立文化財研究所提供）

訴苦在牟逃天□〔書〕夜壹時牟不怠而大尓念訴□

而上下乃諸ヽ尊人及小子等至流麻而尓「諸ヽ乃」天地乃慈□

名詞や用言の語幹と同じ大きさで書いていたのが、後に、助詞などを小さく書いて、その部分は万葉仮名として読むことがわかりやすいように工夫したと考えれば、説明としても自然であるから、皆が納得していた。

ところが、今度、飛鳥池遺跡から下に掲げたようなおもしろい木簡が出て、問題が振り出しに戻ってしまった。この木簡は一行目に「世牟止言而」という語句があり、これは大書体で書かれている。「世牟《セム》」は、多分、サ変動詞「す」の未然形「せ」に推量の助動詞「む」が付いた「せむ」で、「止」は格助詞の「と」である。二行目では、「本」という字の後の「止」が小さな字で書いてある。これも格助詞の「と」であると考えられる。その上の「本」が何にあたるのかわからないので確実なことはいえないが、宣命書き小書体にみえる。もしそうであれば、一つの木簡に大書体と小書体の両方が書かれていることになり、七世紀の後半には、すでに小書体も行われていた可能性が出てきたわけだ。

先にも述べたように、助詞や助動詞などを小さく書く方が、名詞や動詞と同じ大きさに書くのよりも新しいと考えるのが自然であるが、漢文の文章の中で注釈のために漢字を小さく書く方法そのものは、「割注《わりちゅう》」といって古来からある。それが宣命書き小書体に影響した可能性もある。この問題は、もっと資料が出てこないと結論が出せない。今のところは、七世紀まで大書体、八世紀から小書体というこれまでの常識を疑い直す必要が出てき

世牟止言而□
□本止飛鳥寺

▶奈良県飛鳥池遺跡出土の木簡。七世紀後半のもの。一行目（右側）は宣命大書体。二行目（左側）は小書体で書かれている可能性がある。（奈良国立文化財研究所提供）

たといえる。
それはさておき、意味が伝わるだけでなく、日本語の文として読めるように書くためには、漢字と日本語との結びつきがすすんで漢字の訓で日本語が書けるだけでなく、助詞や助動詞や活用語尾あるいは副詞などを書いて文の形がわかるようにすることが必要である。だから、宣命体でこれらを万葉仮名などで書いたというのは、漢字を使って日本語の文を書き表わす、その大事な一歩だった。

◆助詞・助動詞・活用語尾・副詞―和歌の表記―

宣命は天皇の命令を口頭で伝えるスタイルをとっているために助詞や助動詞などを万葉仮名で書いた。もう一つ、助詞などを文字で書く必要が大きかったのは、和歌の表記である。和歌は、もともと文字通り「うたう」ものだから、歌の意味が伝わるだけでなく日本語の文として口頭で読み上げられるように書くことが必要だった。

ここに示した『万葉集』の一首は巻七の歌番号一三〇八番の歌である。図に掲げたのは元暦《げんりゃく》本『万葉集』といって、現在残っている『万葉集』の写本のなかでは非常に古いものである。二字目の「船」は誤写で、『万葉集』ができた当時は「海」と書かれたと推定されているので、その形になおして説明する。この歌の表記では助詞や助動詞を書いておらず、

大海候水門事有従何方君吾率凌

とある。これに助詞・助動詞・活用語尾を補うと、

大海《おほきうみ》を候《さもら》ふ水門《みなと》　事《こと》し有らば　従二何方一《いづへゆ》君は吾《あ》を率《ゐ》凌《しの》がむ

大海を　うかがう湊で　何か起こったら
どちらへあなたはわたしを連れて逃げてくださいますか
（『日本古典文学全集3　萬葉集二』小学館、一九七二年より）

となる。原文では「大海を」の格助詞「を」、「候ふ」の活用語尾「ふ」、それから「事し有らば」の副助詞「し」、接続助詞「ば」、すべて書かれていない。「ゆ」という格助詞は「従」で書いて、漢文式に返って読むようになっているが、「君は」の係助詞「は」、「吾を」の格助詞「を」、そして最後に「む」という助動詞も書いていない。これでは、歌の意味はわかっても、読み上げ方はわからない。和歌は五、七、の型を繰り返す韻文であるから、歌の語句を先に知っていれば、このように書いても漢字の意味を手がかりにして読める。しかし、知らない者が書かれたものを見て、一音一音正しく読み上げることはできない。

それに対して、もう一つ示した巻十一の歌番号二三六八番の歌は、助詞や助動詞などを文字で書いている。この原文は西本願寺本といって『万葉集』の二十巻すべてがそろっている写本としては一番古いものである。この歌の場合は『万葉集』ができた当時もこのよ

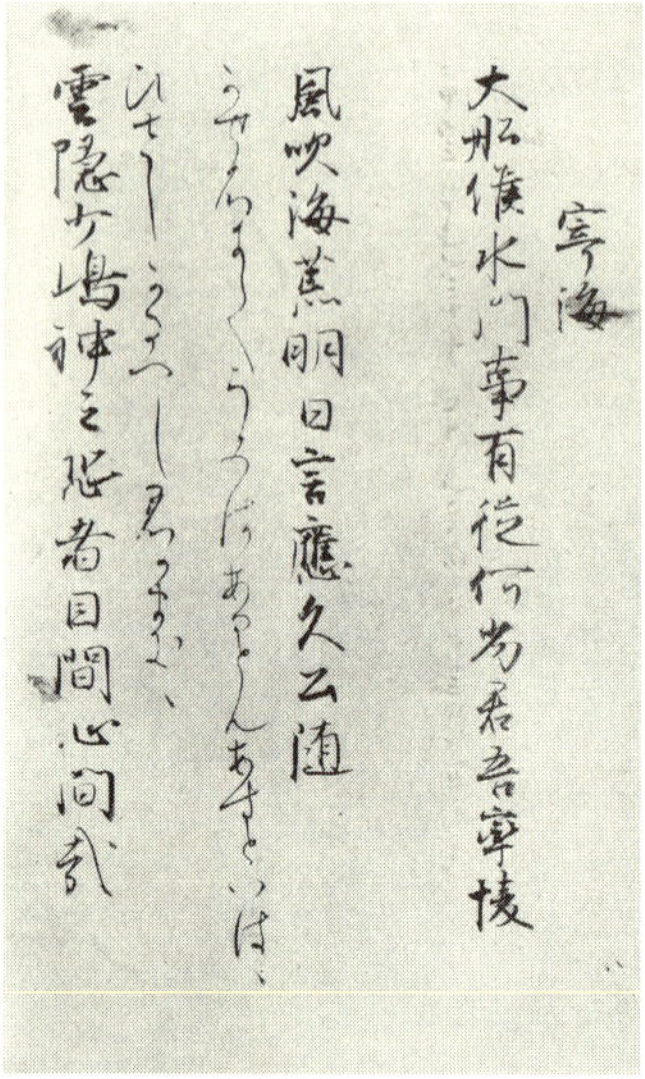

▶『万葉集』巻七より「人麻呂歌集」部分。助詞・助動詞が文字化されていない。七世紀後半。写真は十二世紀末の写本で元暦本『万葉集』(複製)。

うに書かれていたと考えてよい。

垂乳根《たらちね》乃《の》母《はは》之《が》手《て》放《はなれ》如是許《かくばかり》無《す》ニ為《べ》便《なき》ニ事《こと》者《は》未為國《いまだせなくに》

母の手を離れてから　これほどに　遣る瀬ない思いは　ついぞせなんだ

（『日本古典文学全集3　萬葉集三』小学館、一九七三年より）

「垂乳根乃《たらちねの》」の「の」、「母之手《ははがて》」の「が」、「如是許《かくばかり》」の「ばかり」、「事者《ことは》」の「は」、いずれも助詞が書かれ、最後に「為國《せなくに》」というところは接尾辞「く」と格助詞「に」を「國」という字の訓を使って書いている。これをたどっていくと、歌の読み上げ方として五・七・五・七・七の三十一音節全体が読める。

もしここに書かれた助詞や助動詞のところをそのまま平仮名に直すと、

垂乳根の母が手放(れ)如是ばかり

為便無《すべな》(き)事は未だ為《せ》(な)くに

となる。（　）に入れて示した活用語尾類を補えば、現在の漢字仮

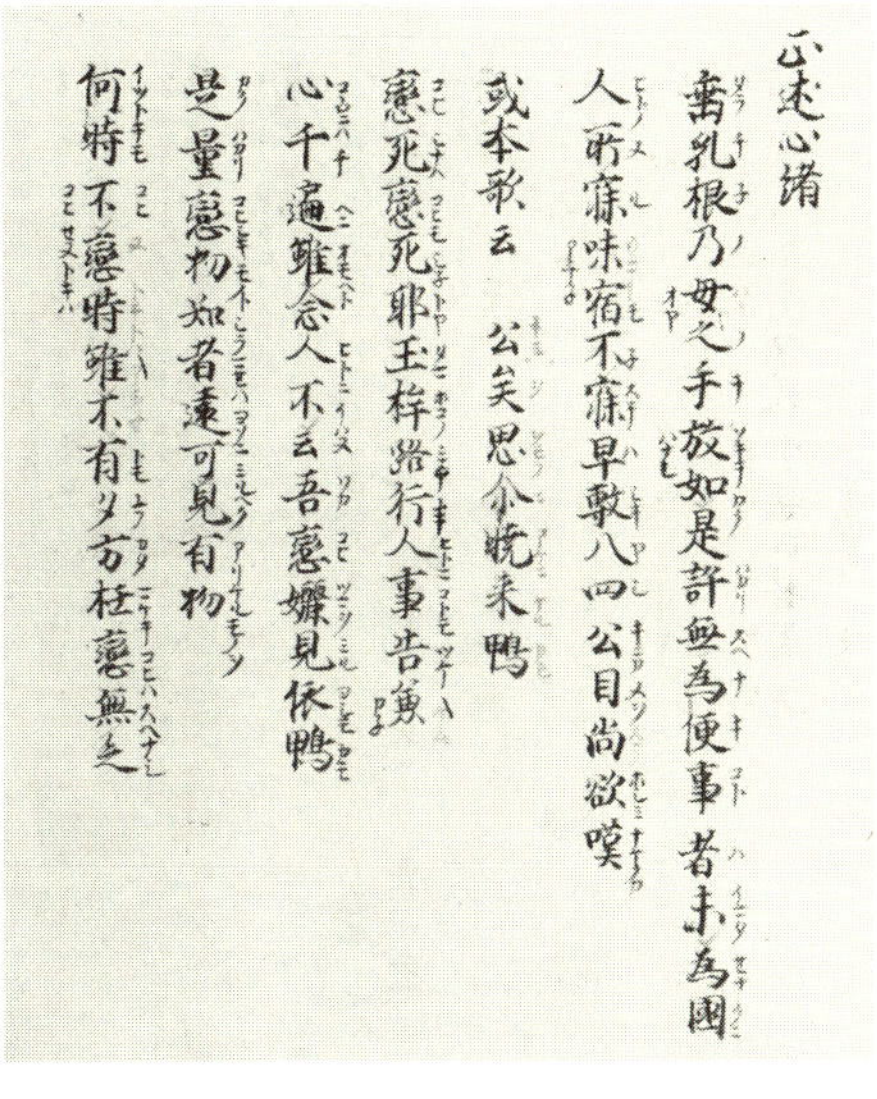

◀『万葉集』巻十一より。「人麻呂歌集」の「正述心緒」部分。右端の歌のみ助詞や助動詞が表記されている。七世紀後半。写真は十三世紀後半の写本で西本願寺本『万葉集』(複製)。

名交じりの書き方とほとんど同じであることがわかるだろう。

『万葉集』には、一首全体を万葉仮名で一字が一音をあらわすように書いた歌もたくさんある。たとえば巻五の七九三番の歌、有名な大伴旅人《おおとものたびと》の「世の中は空しきものと知る時し　いよよますます悲しかりけり」は、「余能奈可波牟奈之伎母乃等志流等伎子伊与余麻須万須加奈之可利家理」と書かれている。こういうものや、短い手紙を万葉仮名で書いたものを書きくずして、平安時代に平仮名ができるのだが、それはさておき、万葉仮名だけで書いて読めたのは、短歌だからである。五、七、五、七、七、の定型に従って読めば日本語の文になるから、意味もわかった。しかし、長歌の場合はそうはいかない。句読点などないから、頭から五、七、五、七、と区切って読もうとしても、手間がかかるだけでなく、字余りや字足らずがあればつまづいてしまう。

それで、『万葉集』の巻十七から後の巻に入っている、奈良時代でも比較的後の時代の長歌は、ほとんどが先の「垂乳根乃……」のようなスタイルの書き方になっていく。短歌も同じスタイルのものが多い。それらの歌では、訓読みして名詞や動詞の語幹などを表わす漢字も、万葉仮名として使う漢字も、大体いつも同じ種類の字が使われるようになっている。そうすることによって、『古事記』のように凝った書き方をしなくても、日本語の文として正しく読める。このような、和歌を大量に書いた経験が、漢字を使って日本語の文を書き表わすことの普及につながった。

その書き方ができたのは、先にも述べたように、一つには、漢字の意味に日本語をあてはめた訓が確立していたからである。これで名詞や用言の語幹などをかなり自由に書き表わすことができた。もう一つには、万葉仮名によって、漢字で書けない日本語の助詞や助動詞などを自由に書き表わすことができたからである。

音、訓、仮借という、漢字を日本語に取り入れた三つの方法のうち、音読みは漢語という日本語の語彙を増加させた。そして、訓読みと、のちに万葉仮名となる仮借は、日本語の文を漢字で書くことを可能にしたのだった。

【付記2】

本稿はシンポジウム当日の講演をもとに、口調を「だ・である」体に改め、口語体からくる不足や重複などを調整したものである。また、当日、さまざまな制約で言葉を尽くせなかったところを補った部分がある。とくに最終章の「日本語の文を書く工夫」は、時間の関係で大幅に省略した部分を加筆した。

II

シンポジウム

古代日本の文字世界

司会　平川　南
稲岡耕二
犬飼　隆
水野正好
和田　萃

平川　南(ひらかわ　みなみ)

昭和 18(1943)年甲府市生まれ。山梨大学学芸部社会科学科卒。現在，国立歴史民俗博物館教授・総合研究大学院大学教授・文学博士(東京大学)。日本古代史専攻。木簡学会・史学会・歴史学研究会会員。主な著書に『漆紙文書の研究』『よみがえる古代文書』『多賀城碑』(共編)など。

稲岡耕二(いなおか　こうじ)

昭和 4 (1929)年東京都生まれ。東京大学大学院人文科学研究科(旧制)満期退学。現在，放送大学客員教授・東京大学名誉教授・文学博士。上代文学専攻。万葉学会・上代文学会・木簡学会会員。主な著書に『萬葉表記論』『万葉集の作品と方法』『人麻呂の表現世界』など。

犬飼　隆(いぬかい　たかし)

昭和 23(1948)年名古屋市生まれ。東京教育大学大学院文学研究科日本文学専攻博士課程修了。現在，愛知県立大学教授・博士(言語学)。国語学専攻。国語学会・万葉学会・訓点語学会・木簡学会会員。主な著書に『上代文字言語の研究』など。

水野正好(みずの　まさよし)

昭和 9(1934)年大阪市生まれ。大阪学芸大学卒。前奈良大学学長。考古学・古代史・文化史専攻。日本考古学協会・日本文化財科学会会員。主な著書に『土偶〈日本の原始美術 5〉』『島国の原像〈日本文明史 2〉』『河内飛鳥』(共著)など。

和田　萃(わだ　あつむ)

昭和 19(1944)年中国東北部(旧満州)遼陽生まれ。京都大学大学院文学研究科国史学専攻博士課程修了。現在，京都教育大学教育学部教授・文学博士(京都大学)。奈良県立橿原考古学研究所研究指導員。日本古代史専攻。史学研究会・日本史研究会・木簡学会会員。主な著書に『日本古代の儀礼と祭祀・信仰』(上・中・下巻)『大系　日本の歴史 2　古墳の時代』、編著に『古代を考える　山辺の道』など。

はじめに

平川　では、基調講演を受けまして、今日の本題「古代日本の文字世界」のシンポジウムを始めたいと思います。今回のシンポジウムは、古代史・考古学・国語学・国文学を合わせたものであるという面で、これまでのさまざまなシンポジウムといくぶん色合いを異にしているかと思います。今日ご来場の方々の中には、関心が古代史、あるいは考古学、国語学・国文学という形で分かれている方もおられるかと思います。しかし、これから我々が、こういった研究をともに皆さんと進めていく上では、もはやそれぞれが専門分野に小さく固まっていたのでは駄目である、ということは、先ほどの二つの基調講演でも明らかです。そういう意味で、皆様に是非、幅の広い視野で関心を持っていただいて、このシンポジウムに最後までお付き合いをお願いしたいと思います。

基調講演でも紹介されたように、一九七八年、いまから二十年ほど前に、埼玉県の稲荷《いなり》山《やま》古墳で「辛亥年《しんがいねん》」[*1]銘文鉄剣が発見されました。その時に、古代史、考古学、そして国語学・国文学の研究者が初めて大きなテーブルに就いて議論を行いました。[*2]それからちょう

*1　→三四頁

*2　井上光貞・大野晋・岸俊男・斎藤忠・直木孝次郎・西嶋定生『シンポジウム鉄剣の謎と古代社会』(新潮社、一九七九年)ほか

ど二十年経ったわけですが、ここ三年くらいの間に、――特に今日、最初の基調講演をされた水野さんなどがその火付け役になられているわけですが――三重県の片部《かたべ》遺跡の土器に書かれた文字*1の発見以来、二世紀から四世紀ごろの土器に書かれた文字が、相次いで発見されています。つい先週も、長野県木島平《きじまだいら》の根塚《ねつか》遺跡から出土した三世紀の後半のものであろうとされる土器に、文字が記されていたという報道*2がなされたばかりです。そういった点では、日本での「文字のはじまり」という一つのテーマを設定する大変いい時期ではないか、と思います。

もう一点は、犬飼さんが報告されましたように、七世紀のものをはじめとするたくさんの木簡資料が登場してきたことです。たとえば、徳島の観音寺《かんのんじ》遺跡からは『論語』の一節が記された木簡*3が発見されました。これは、七世紀前半のものと考えられる資料です。宮都のわずか数点を除くと、七世紀の木簡については、いままで七世紀の後半までの資料しか見つかっていませんでした。地方においても、七世紀前半にまで遡る資料が登場してきたこと、これは、古代の日本語と文字にかかわる研究を推し進める上で、新局面の到来といえます。

なぜなら、いままでこの時代についての国語・国文学の研究は、法隆寺にわずかに残されていた仏像の光背銘《こうはいめい》*4であるとか、あるいは『万葉集』『古事記』『日本書紀』というような、限られた文献資料から進められていました。そんな国語・国文学の分野に、考古学が重要な資料を提供し始めたという、画期的な時期なのです。今年（一九九八年）の六月に長野県で木簡学会の特別研究集会が開かれましたが、そこでも七世紀の木簡を巡る話題は

▶弥生時代後期の土器片の線刻。「大」字と読める。長野県木島平村根塚遺跡出土。（木島平村教育委員会提供）

*1　→一二頁

*2　一九九八年十月二十日付朝日新聞

*3　→六五頁

*4　仏像の背後に付ける光や火炎をかたどった装飾（光背）に書かれた、年紀などの銘文。

大きな論議を呼びました。その点で、今はまさに「古代日本語と文字」という大きなテーマを扱う絶好の機会ではないか、と思います。

今回のシンポジウムは、この二点から筋立てを考えてみた次第です。

なお、本日はご来場の皆さんよりたくさんのご質問をいただきました。先ほど我々で全部目を通しました。数も多く、しかも、内容が非常に多岐にわたっております。本来ならば一つ一つお答えすべきところですが、時間の関係もありますので、これから議論を進めていく中で、できるだけ皆さんのご質問をその中に織りまぜながらお答えしていきたいと思います。

1 文字のはじまり

日本への文字伝来が弥生時代に遡ることを示す出土物が、近年、各地から発見されている。これらはどんな歴史を語っているのだろうか。卑弥呼の時代から大和王権初期までの文字伝来期、人々はどのように文字をうけとめていたのだろうか。

日本最古の文字資料―弥生時代の文字たち―

◆「山」は文字か？ 文様か？

平川 まず最初に、日本に文字が来たころのことについて、議論を始めたいと思います。ご質問の中にも、「日本の最初の文字は、どんな土器に書かれ、いったいどういう意味を持っていたのか」「一文字であるけれども、どこまで文字を理解して書かれたのか」、さらに、「そもそもそれは意味を持っていたのかどうか」というご質問がありました。先ほど水野さんが報告された資料は、それらの質問の答となるものです。しかし、まだ発見されて間もないこともあり、文字をどう読むかについてさえ、十分に検討ができていない資料がたくさんあります。とりあえず順を追って簡単に見ていきましょう。

日本に初めて文字が来たころ、つまり弥生時代の文字資料に関しては、いま申しあげたように一つ一つ議論の分かれるところです。広田《ひろた》遺跡の貝札《ばいさつ》、今日ご紹介がありました大《だい》城《しろ》遺跡の土器*1なども、統一された評価はまだありません。あるいは、そのしばらく後の古墳時代に日本の政治状況と文字の使用がどうであったか、という問題についても、実は研究者の中でことごとく意見が分かれています。それらをすべてここで取りあげて考えていきますと、それだけで時間が終わってしまいます。例えば、稲荷山鉄剣についての解釈となりますと、先週埼玉でそれだけをテーマにシンポジウム*2が行われたくらいです。ですから、これら一つ一つについて深く議論するのは避けたいと思いますが、代表的な例をいくつか取りあげて考えてみたいと思います。

さて、まず最初に、弥生時代の遺跡から出土した、貝に書かれた「山」とも見える文字についてです。これは文字ではなく文様ではないかという説もありますが、水野さん、いかがでしょうか。

水野　これは鹿児島県の種子島《たねがしま》にあります広田遺跡から出土したものです。この遺跡では弥生時代の人骨が状況よく残されているのですが、人骨にそえられた貝製の装飾品がたくさん発掘されています。そうした貝製装飾品の中に、「山」という字のような文様が彫られたものがあります。九州大学の故金関丈夫《かなせきたけお》先生が発掘されたのですが、先生は、漢字にも非常に造詣の深い方でして、これこそ日本最古の文字、「山」の字であるとおっしゃいました。それ以来、「山」という字だという意見と、これは文様ではないか——逆台形の貝の形に合わせた文様ではないかという意見が出されています。しかし、この資料一点だけでは、そのいずれとも決めようがありません。最近、鹿児島県名瀬市のフワガネク遺

*1　→一一六頁

*2　「稲荷山古墳の鉄剣研究二十年の成果と課題」（大東文化大学オープンカレッジ開講五周年公開シンポジウム、一九九八年十月二十四日）

◀貝製の装飾品「貝札」に、「山」字とも見える文様が刻まれている。弥生時代後期のもの。鹿児島県種子島広田遺跡出土。（金関恕氏保管）

跡でみつかったイモガイ製の貝札にも目という字に似た文様があります。古墳時代後期（六～七世紀）の貝札です。字とみるかどうか、同じような例です。両者を比較しますと、文字というより文様という感じがつよいと思います。次々と発見されるでしょうから、しばらくは静観していこうというのが学界の現在の状況だと思います。私は「山」字とはみず、文様だと考えています。

平川　そうですね。この資料につきましては、若い研究者が「これは山の字ではない」という題の論文*1を発表したくらいですので、議論の分かれるところだと思います。

◆大城遺跡の文字

平川　続いて、現在のところその次に古いと考えられる資料は、先ほど水野さんに紹介していただいた三重県安濃《あのう》町の大城遺跡の土器ですね。「奉」か、「年」かという論議がありますが、いずれにせよこれは土器に文字が刻んである、つまり「刻書《こくしょ》」ということでよろしいですか。

水野　いいです。私たちは「刻書土器」と呼んでいます。墨書《ぼくしょ》土器と区別して考えているのです。

平川　黒い部分が字ですか。

水野　いいえ。土器ですから器肌は茶色なのですが、断面をみますと胎土《たいど》の心《しん》は熱が及ばず黒色なんです。ですから、刻書のヘラが深く入ったところは黒くなり、ヘラ刻みの浅いところは茶色くなっています。黒線部分だけで

*1　中園聡「これは山の字ではない」（『人類史研究』第八号、一九九二年十月、人類史研究会）。また、その中園氏の説に対して、国分直一「種子島広田遺跡出土貝符の『山』字彫刻をめぐって―中園氏の批判に答えて―」（『古代文化』第四十五巻第十二号、一九九三年十二月、古代学協会）がある。

破片

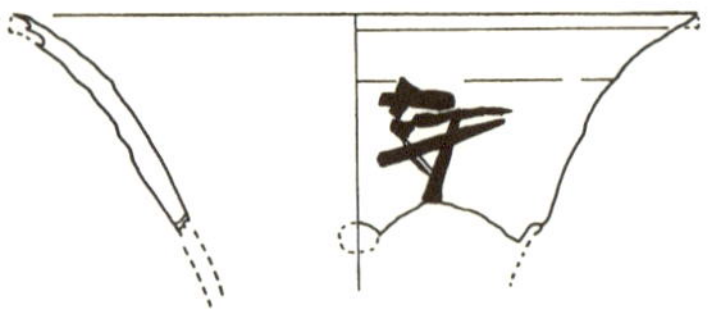

復元実測図：実際使用時は天地が逆

◀弥生時代後期（二世紀前半）の高坏脚部破片にある文字状の刻み。「奉」の草書体とも「年」「幸」「与」ともいう。三重県大城遺跡出土。（安濃町教育委員会提供）

したら「与」字のように見えるのですが、実は、浅くヘラが入った茶色い線がずっと右へ延びています。そうした目でもう一度土器の写真をご覧になっていただきたいのですが、私はこれは「年」という字ではないかと考えています。

平川　これは彫ったところへ墨を入れたものと考えてしまうような資料ですけれども、決してそうではなくて、土器の焼きの具合で黒くなっているというわけですね。

水野　そうです。

◆三雲遺跡の文字

平川　それから、次の土器は、これは私が一応かかわっておりますので、私からご説明しようと思います。福岡県の三雲《みくも》遺跡群で、昭和四十九年に発掘された資料です。写真で見ておわかりのように、上の「立」という部分と下の「見」という部分が離れていますので、いままでずっと二文字に見られていました。しかし、今年（一九九八年）実物を見る機会がありまして、全体のバランスや文字そのものを検討した結果、どうも一文字とみるべきなのではないかと考えるようになりました。[*2]

これは高さが五十八・六センチの土器の、口縁の部分に横書きに記されております。写真などでは文字の部分だけ拡大して示すので、「立」と「見」の離れている部分が強調されて二文字と見えますが、

＊2　平川南「福岡県前原市三雲遺跡群の刻書土器」（『考古学ジャーナル』四四〇号、一九九九年）

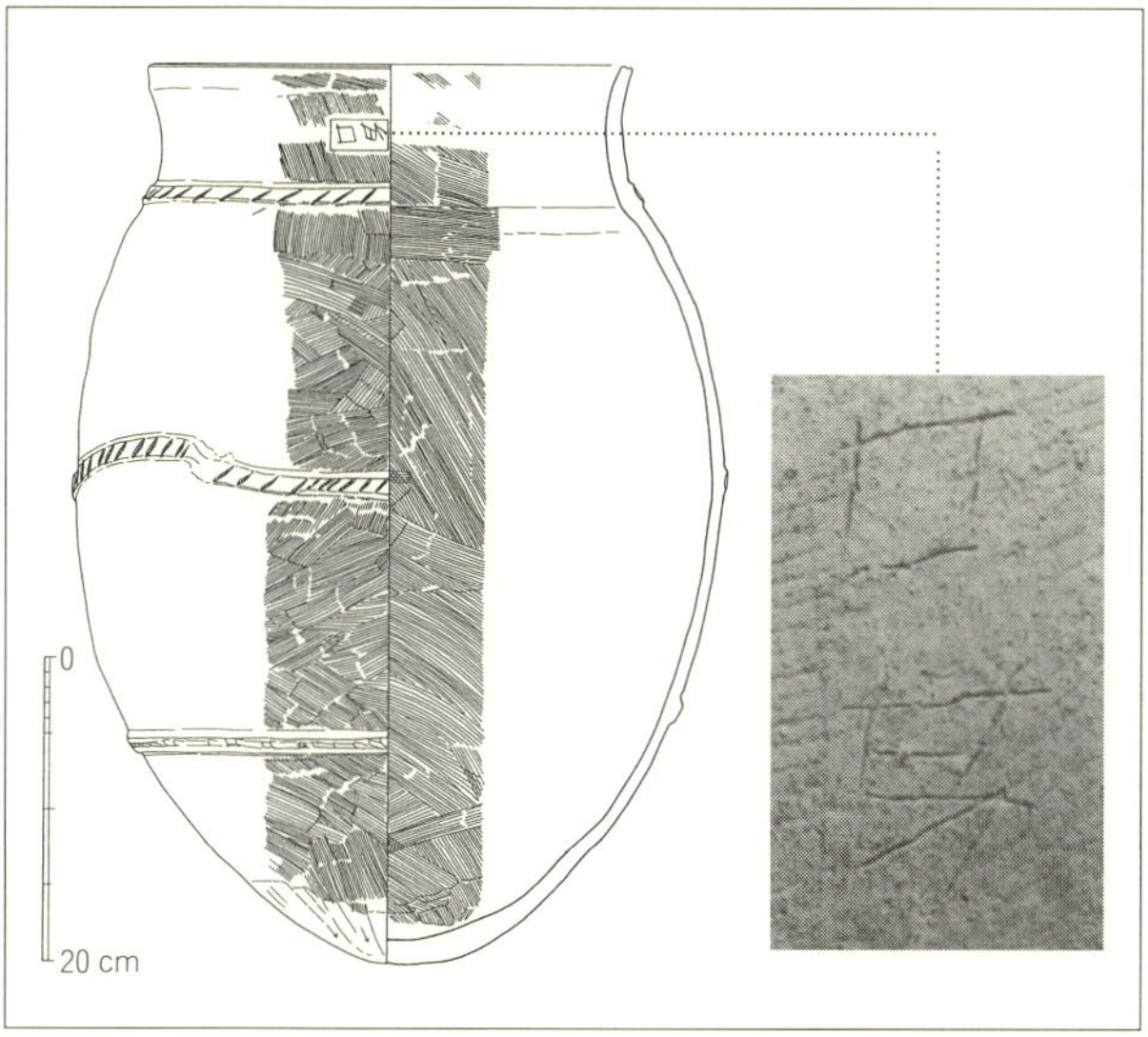

◀弥生時代末期（三世紀半ば）の甕の口縁部にある文字状の刻み。「竟」字か。福岡県三雲遺跡群出土。（福岡県教育委員会提供、左図は『三雲遺跡Ⅳ』より）

土器全体の大きさからみるとそう離して書かれたふうでもなく、一文字と考えても決しておかしくはない。

この文字について考えるときに参考になるものとして、「火竟《かきょう》」と書かれた鏡があります。「竟」は「鏡」に通じ、「火竟」とは、要するに「太陽の熱を取って採火するための鏡」というところから来ている言葉です。それを書いたものが全国で三面残っていて、宮崎県の持田古墳と京都府の幡多枝《はたえだ》古墳の資料、そして明治大学考古学博物館所蔵の資料があります。三雲遺跡群の刻書は、これらの鏡に書かれた「火竟」の「竟」の字と非常に近いので、「竟」すなわち「鏡」と読んではどうかと考えました。

◆書かれた文字の意味

平川　さて、土器に書かれた文字について、少し考えてみたいと思います。これらの一文字だけの文字は、なぜ、書かれたのでしょうか。たとえば先ほどの大城遺跡の資料ですが、書かれた文字を「奉」だとしましょう。当時の土器は、現在の食器が皿や鉢などに分かれているように、機能によっていくつかの器種に分かれていました。大城遺跡で文字が書かれていた土器は、物を盛る器《うつわ》と考えられている高坏です。もしかすると神に奉《たてまつ》るものを盛ったかもしれません。とすると、土器の用途

と書かれた文字とが符合する可能性があるわけです。

しかし、ご質問の中にもありましたが、この時期に書かれた「山」「大」「田」などという、非常に画数の少ない字について、当時の人々がいったいどのくらい意味がわかっていて書いたのかという素朴な疑問は、どなたもお持ちだと思います。

たとえば、この三雲遺跡群の「竟」という字ですが、なぜこの文字が選ばれたのでしょうか。共立女子高校の関和彦《せきかずひこ》氏が次のような解釈*1を示されています。銅鏡以外に一般に鏡がない時代には、水甕に水を張って、それも余り満杯に張らないで、そこに自分の顔を写すという方法が知られています。三雲遺跡群のものは土器の形式が甕《かめ》で、口の径が四十四センチ、上からのぞき込んで顔を水に写すのにはもってこいの大きさですから、この土器はもしかすると、鏡のような使われ方をしたのではないか。そう考えますと、「竟」という文字と、それが水甕の縁に上からのぞき込んだ形で横位に書いてあるということ、すなわち土器の用途と書かれた文字の意味が合致して、意味あって書いた可能性も考えられるという指摘です。

もっとも、これはなかなか証明するのは難しいと思いますが……。

水野　難しいことですね。私は三雲遺跡群の甕にみられる刻文はあまりにもまとまりなく文字とは考えていません。水に顔を写すから水鏡なのであって、甕は鏡ではありません。「水鏡《みずかがみ》」という言葉はありますが、土器に張った水で顔を写す慣習があるのか否か、この甕が顔を写す「鏡」にあたる機能をもっていたか否か、考古学では確定できないところです。当時の人が果たしてこれを「鏡」と呼んでいたかどうかということは判らないこ

▶「火竟」銘の鏡。五世紀後半のもの（四世紀説もある）。京都市幡枝一号墳出土。（小谷長光氏蔵、京都府立山城郷土資料館提供）

*1　一九九八年十二月二十四日付山陰中央新報

と、単なる考古学者の想像でしかないと思います。

平川　一応発掘の担当者の方は、これは水甕であるというふうにおっしゃっていますが。

水野　その気持ちはよくわかりますけれども、水甕であるということ自体立証できません。「火竟」の場合は鏡に刻まれているのですから、これはそれでいいと思います。それに「奉」という文字が高坏にあるということで用途とピタリといういい方も難しいと思います。それ自体が献納物を盛る器形なら、いまさら改めて「奉」という字は不要ですし、私は「年」と呼んでいますから賛成しかねます。

一ついえることとは、たしかに最近出てきました二・三世紀の資料は、それぞれ「奉(年)」字、「田」字といずれも一字しか書かれていない例です。後の奈良時代の土器に文字が書かれる場合も一字の例が圧倒的に多いのです。奈良時代の一字の例は人名や地名、官名中の一字を選んで書いている場合が多いのです。私は、二～四世紀の刻字、墨字の一字例も同様、人名、地名、官名の一字を選ぶ形で書かれているのではないかと思っていますので、書かれた文字と土器の用途とは直接関係しないだろうと思います。むしろ、人名の田村麻呂《たむらまろ》の田、地名の田島の田、というように、土器の持ち主や使う人の名、使う土地の地名などと関係があると考えています。

平川　なるほど。いまお話に出てきたように、墨書土器すなわち土器に文字を書くというのは、実はこれよりもずっと後の八世紀くらいから増えてきます。特に九世紀に入りますと爆発的に増え、全国的に大変な数の土器に文字を記すようになります。それも一文字とか二文字くらいを記すという例がありまして、いわゆる「墨書土器」という文化がピークに達するわけです。*1 そのようなものの場合でも、文章ではなくて一文字、二文字なので、発見された当初はなかなか解釈できませんでした。しかし、やはり数が出て、いろいろ類例が増えてきますと、一定の理解が可能になってきます。

でも、二世紀から四世紀の間の資料は、まだ余りにも数が少ない。しかも、このころは中国大陸から漢字が日本に入ってきて間もない時期です。それだけに、果たしてどのくらいの理解でその文字を書き記したかということについては、これから資料が増加したところで考えざるを得ないというのが、一般的な結論であろうと思われます。

文字に触れるきっかけ

◆大陸との交流と文字の使用

平川 ところで、文字が日本列島にやってきたきっかけはいったい何だったのでしょうか。先ほど水野さんから、当時の大陸との交流についてお話いただきましたが。

水野 そうですね。日本に文字が伝わるきっかけは、対中国、対楽浪《らくろう》・帯方郡《たいほうぐん》、対朝鮮半島との外交、戦争、経済交流を介してなされると思います。またそうした環境の中で日本に渡り来るたくさんの人々の存在もあると思います。*2『漢書《かんじょ》』にも*3『後漢書《ごかんじょ》』にも日本――倭国《わこく》と呼ばれていますが、この倭国についての記事が登場し、単なる聞き書きではなく背後に国交文書のあることが想定される内容となっています。

倭国女王卑弥呼《ひみこ》の前王は帥升《すいしょう》という名をもつ男王ですが、この王は永初《えいしょ》元年（一〇七）、

*1 →四五頁、一九二頁

*2 後漢の班固［はんこ］の著。前漢の高祖劉邦から新の王莽［おうもう］まで（前二〇六～後二三）の二三〇年間を記した中国の正史。巻二十八の地理志に倭の記事が見られる。

*3 南宋の范曄［はんよう］の著。後漢（二五～二二〇）のことを記した中国の正史。巻一一五の東夷伝倭伝に倭の記事が見られる。

後漢安帝のもとに使節団を送り、一六〇人の生口《せいこう》[*1]などを献じています。使節の代表は「大夫」という名で書かれていますから、日本―倭国にはこういう文字で示されるような官職が置かれていたことがわかります。「おおまえつぎみ」と日本読みする官職でしょうが、日本では中国風に「大夫」という字をあてていた可能性があるわけです。倭国内の政治機構のそれぞれが漢名と照合させながら漢字で表記されていたことがわかります。

さらに時代を遡りますと、九州北部海岸沿いの地や、大阪の河内潟南縁の地からは、次々と「貨泉《かせん》[*2]」という銭文をもつ銅貨が発掘・発見されています。五銖銭《ごしゅせん》などと並び、また区別されながら貨泉が流通し、交易の対価として支払われていることがわかります。河内潟は倭国の王都―邪馬台国の主港津ですし、九州北部海岸沿いは大率《だいそつ》[*3]の所在する伊都国に接する大率の主港津と見てよいと思います。のちの京都《けいと》と大宰府《だざいふ》にあたる枢要の地、その港津に貨泉が集中しているわけで、商人や、政治を司る人々《つかさど》には「貨泉」の文字は当然見なれた文字であったといえます。

最近では、防府《ほうふ》、松山、岡山市など瀬戸内海の諸津の遺跡でも貨泉の発見があります。海路網をつたって貨泉がひろまるわけですが、交易の中心となる貨泉や商取引文書など、船中や関所、港津施設でも漢文が駆使されていたことは容易に理解できるところとなりつつあります。帥升や卑弥呼・台与《とよ》といった倭国王の詔書は当然、美辞麗句をちりばめた荘重な詔書であったに違いないと思います。恐らく、文字はこうしてみると中国文明をうけた弥生時代の初め、前三世紀に日本に至ると考えてよいのではないでしょうか。

平川　外交上の関わりのほかに、日常的な人間の交流として、当時、海を越えての物と

＊1　とりこ、捕虜などの、売買・献上・獲得の対象とされた人間をさすという説と、貴族の子女やそのつきびとをさすという説がある。

＊2　→二〇頁

＊3　→二一頁

物のやりとり、つまり今でいう経済的な交流もあり、そうした中で、日常的なレベルでも、文字、あるいは文字を扱える人々が日本列島に入ってきた可能性もありますね。嬉野町の片部遺跡、安濃町大城遺跡とも、当時の港に近い場所であったという指摘[*4]は興味深いですね。

水野　日本には渡来した中国・朝鮮半島の人々が随分多くいたことは、古墳や種々の大陸由来の遺物の発見からわかります。大阪の河内潟の背景には、西文《かわちのあや》氏・船氏・津氏・蔵氏など、港津施設の役所にあって仕事する渡来系の人々がひしめいています。滋賀県の琵琶湖西岸南端——志賀郡大津の港津も東漢《やまとのあや》氏につながる渡来系の人々が集中的に住んでいます。漢・韓人が港津行政の一端を荷っているのです。

安濃町大城遺跡の「奉（年）」字刻書土器、嬉野町片部遺跡の「田」字墨書土器は、ともに伊勢津といいますか古代の安濃津の南・北両端にあたり、港津ゆかりの遺跡と考えられるのです。時代は六世紀に下りますが、この地域には朝鮮半島南端と通ずる横穴式石室（竪穴系横穴式石室）が膨大な数集中しています。関東・東北地方へ往還の大港津であったところから、朝廷は文字を駆使できる渡来系の人々を配置し港津事務に従事させていたのだと考えます。それだからこそ日常生活にまで文字が浸透し、文字を書く土器が生まれてくるのだろうと思うのです。

＊4　→一七頁

鍵を握る朝鮮半島の文字文化

◆筆記具―茶戸里遺跡の筆―

平川　さて、基調講演やいままでの話でもおわかりのように、文字、つまり中国大陸で発明された漢字は、必ずしも中国から直接日本に来たわけではありません。朝鮮半島を経由してきた情報がずいぶん多かったはずです。先ほどの犬飼さんのご説明でも、朝鮮半島の文字文化との関係をずいぶん考えておられました。

　そこでまず最初に問題としたいのは、筆記具の問題です。いままでお話に出てきたような、貝や土器に「刻まれた」もの以外で、古い文字にどんなものがあるのかといいますと、水野さんの講演で登場した四世紀の片部遺跡の資料[*1]があります。これは、墨で書いたもの、つまり「墨書」ではないかとされていますし、ほかに付近の貝[*2]《かい》蔵《ぞう》遺跡からは、人の顔を墨・筆で描いた三世紀初葉の資料なども出ております。

　そういう資料を見るにつけ、日本において、墨、硯、

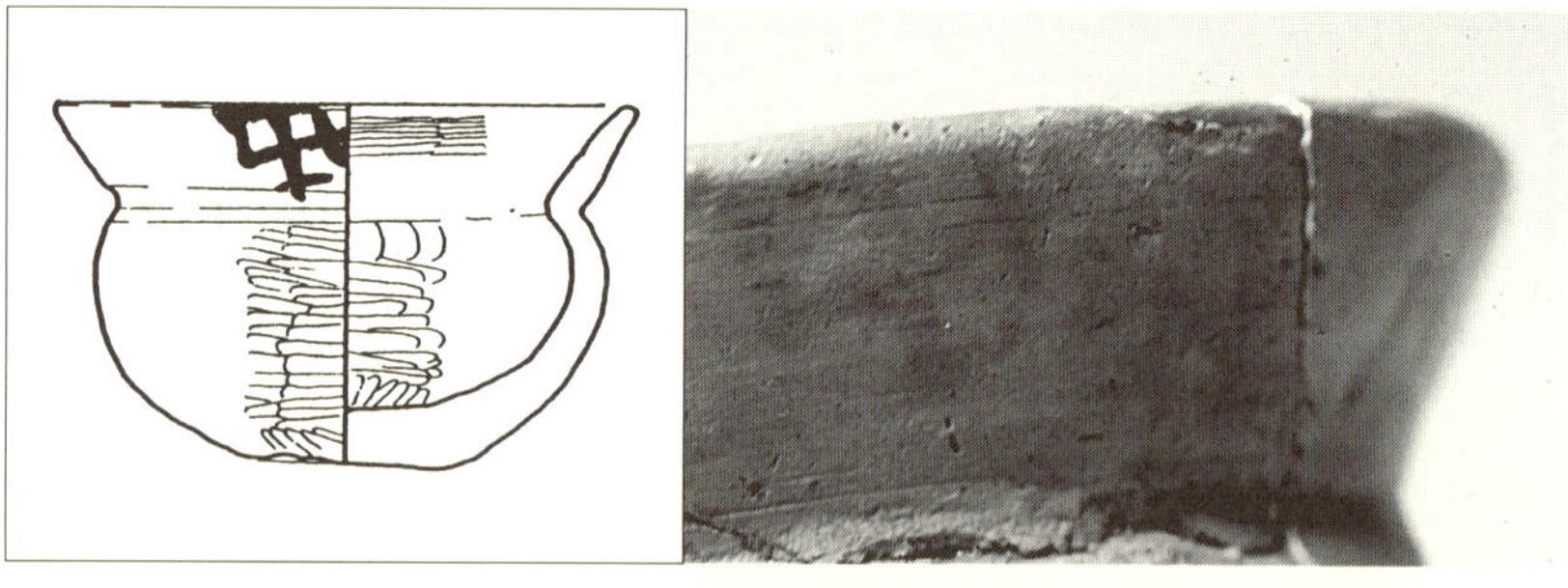

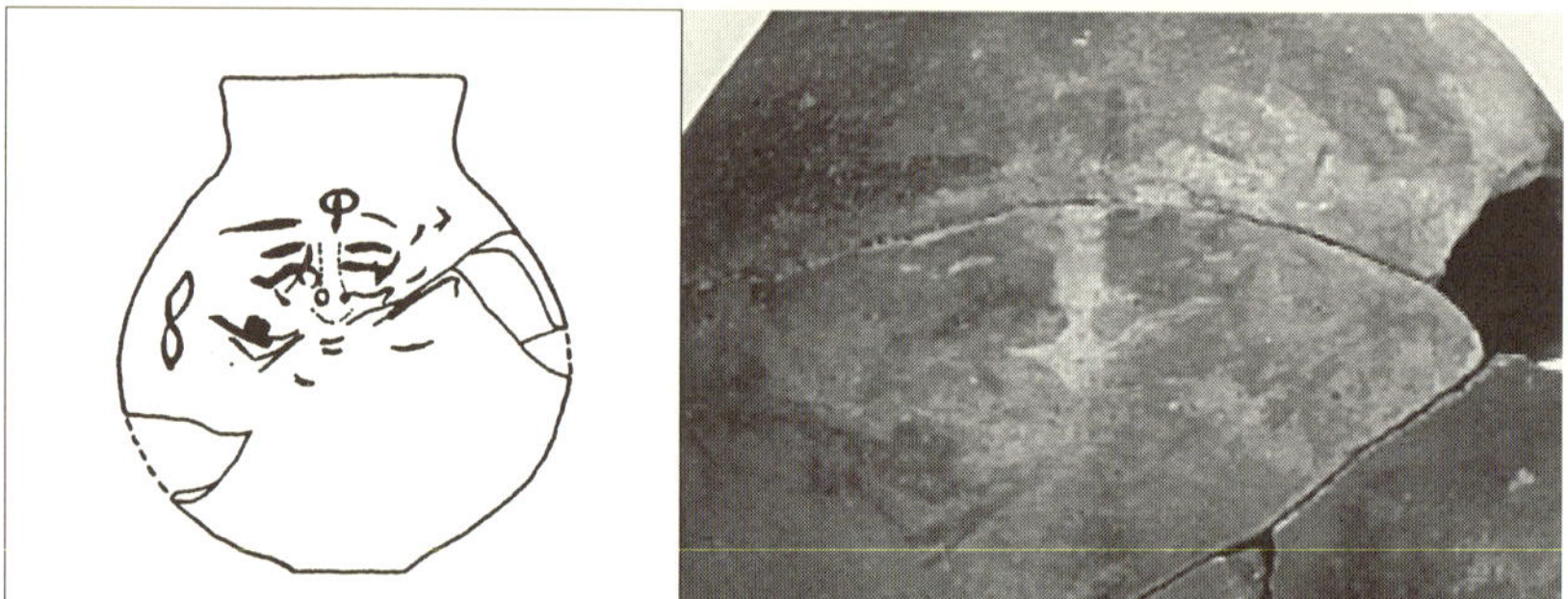

さらに筆は、いったいいつ頃まで遡れるのか、という疑問が湧いてきます。書くための道具が日本に入ってきたのはいつなのか。

しかし、筆記具に関して、何といっても非常に衝撃的だったのは、朝鮮半島の茶戸《ちゃど》里遺跡から筆が出土したことですね。この意味は非常に大きいと思いますが、水野さん、説明して頂けませんか。

水野　茶戸里遺跡では墓の中から筆が六本出ました。両端に筆の毛先が付いているという、興味深い筆です。韓国の学者は紀元前一世紀の資料だといっております。現在、朝鮮半島ではこれより古い筆は見つかっていません。

中国大陸ではまだこれよりも古い筆があります。古い物は実に戦国時代に遡るとされています。日本でもっとも古い筆の実物は奈良県斑鳩《いかるが》町の御坊山《ごぼうやま》古墳発見のガラス製筆管です。七世紀前半の筆といえます。陶硯《とうけん》も一緒に出ています。そういうこともあって韓国のこの茶戸里遺跡の筆は、確実に日本よりも古い筆だということが強調されています。朝鮮半島と日本とでは年代をきめる土器の年代観が必ずしも一致しているわけではありませんので、細かい年代はもう少しお互いに検討する必要があると思います。しかし、韓国茶戸里遺跡の筆がいま韓日間最古のデータであることは動かせない事実です。

平川　朝鮮半島ではおそらく前一世紀であろう、とされる筆が出ている。一方、日本ではこの段階の筆記具は見つかっていない——。でも、墨書文字に関していうと、もし片部遺跡の資料が墨で書いたということが成り立つとすれば、——「もし」などというと水野さんに怒られますが——。

▶上段は三重県片部遺跡で古墳時代前期（四世紀初頭）の流水路から出土した小形丸底土器。口縁部に「田」と読める墨跡が見える。下段は片部遺跡にほど近い貝蔵遺跡出土の人面墨書土器で、弥生時代末期（三世紀初頭）のもの。（嬉野町教育委員会提供）

*1　→一二頁

*2　→一三頁

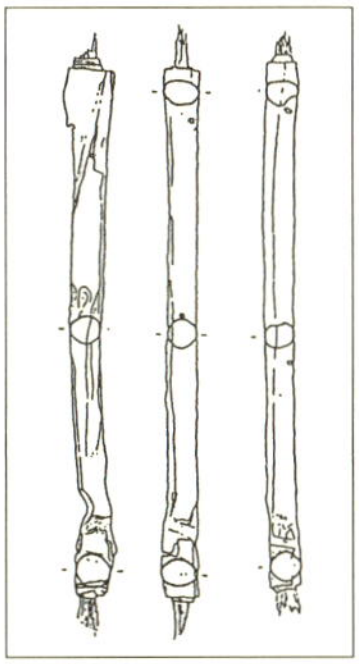

◀朝鮮半島の茶戸里遺跡出土の筆。紀元前一世紀のものとされる。（『考古学誌』第一輯より）

水野　当然、怒りますよ（会場・笑）。目のよい平川さんだから……、実物を見て下さればが筆で書かれていることは納得していただけると思います。日本でもそのうち前三世紀の筆や墨書土器も出てくると思いますよ。

また、筆順の問題が指摘されていますが、今見つかっている「田」字や「奉（年）」字については問題はないと私は考えています。たっぷりと筆に墨を含ませて書いており、線の重なりが辿れます。なお一部の方が「十」字と考えるとおっしゃっていますけれども、実物をみるかぎり、たしかに下の二隅は少しあいていますが、上は隅がくっついており、決して「十」字でないことは確かです。なお、下の二隅があいているから「田」でないという方もありますが、そうしたあいた例は倉敷考古館の蔵品である*1「買地券《ばいちけん》」にも類例があります。筆の走りにすぎない現象だと私は考えています。

平川　この片部遺跡の資料が墨書となりますと、非常に大きな発見といえますね。一方の朝鮮半島で現在のところ一番古い墨書は、確か六世紀の順興邑《じゅんこうゆう》壁画古墳の墨書銘だったと思います。つまり、朝鮮半島ではかなり古い段階に筆記具が持ち込まれた例があるけれども、書かれたものは六世紀以降のものしか見つかっていない。日本では、筆記具は見つかっていないけれども、三世紀に墨で書かれた資料がある。そういった意味では、今後、茶戸里遺跡と並ぶような古い筆記具が日本で出たり、片部遺跡と並ぶような古い墨書が朝鮮半島で出たり、という可能性も十分あるわけですね。

ただ、四世紀の片部遺跡の土器を墨書とした場合でも、八世紀以降列島各地で膨大な量の墨書土器が作られたいわゆる*2「墨書土器文化」とは、その間の空白期間と質・量の大き

*1　墓地の永続を願って、冥界の神から土地を購入した契約を記した粘土板。

*2　→一九二頁

*3　杖刀（仕込み杖のような武器）を携えて、大王の宮を守衛したり大王の護衛に当たったり、各地の有力豪族の子弟が大王のもとに上番して、杖刀人として奉仕したものと思われ、六世紀後半に設置された舎人［とねり］の前身と考えられる。

*4　「典曹」の用例がほとんど無く実体は不明であるが、「典」は書籍や規則、「曹」は役所の意なので、「典曹人」は大王の宮に置かれた役所に勤務する文官かと思われる。

な違いから考えて、やはり一線を画して考えるべきでしょう。
　今後、日本と朝鮮半島でお互いの欠けた部分を補う資料が発見されて、点が線で結べるようになれば、これらの資料の位置づけもより明確になってくるでしょう。

◆朝鮮半島の文字―日本の表記との共通点―

平川　いま話題にのぼった朝鮮半島の最古の墨書、これは非常に注目される資料なのですが、和田さんと私で以前研究会を一緒にした時に見たものですから、和田さんの方から説明していただけますか。

和田　その資料は、新羅《しらぎ》の順興邑《じゅんこうゆう》壁画古墳に記された墨書で、「己亥中墓《ぼ》像人《ぞうじん》名□□□」と記されています。初めの「己亥中」、この「己亥《きがい》」は干支で、「亥」という字の崩し方は例えば「己亥年十月中上捄國阿波評松里」と記された藤原宮跡出土木簡のように、日本の木簡にもわりとよく見かける書体です。「墓像人」、これが「墓造人」に通じるのであれば「墓造りの人」の意ですが、墨書は玄室《げんしつ》南壁の袖石に描かれた力士の上にありますので、「墓を護る人」を意味する可能性があるかと思います。
　こうした「――人」という表現は、日本では例えば稲荷山古墳の鉄剣銘文に「[*3]杖刀人首《じょうとうじんのしゅ》」、そして、江田船山古墳の鉄刀銘文には「[*4]典曹人《てんそうじん》」という例があります。また、五・六世紀代には「酒人《さかひと》」「倉人《くらひと》」のように、「――人」と称される下級官人

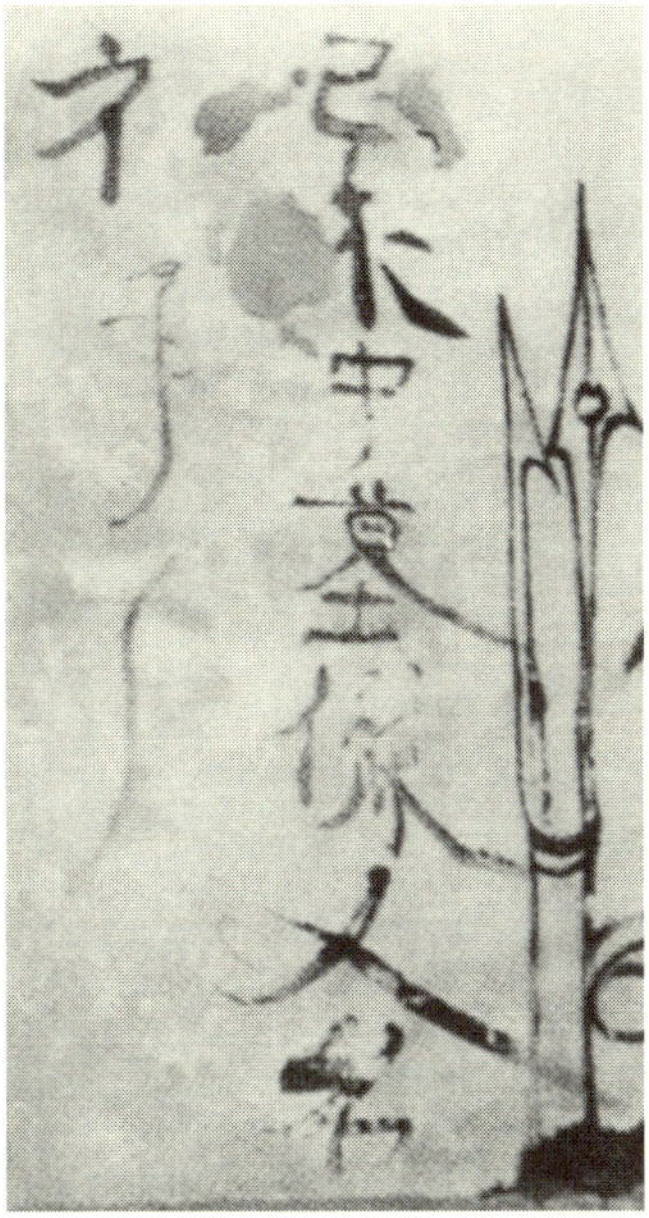

◀韓国の慶州北道栄豊［ヨンプン］郡の順興邑で発見された古墳の玄室に描かれた壁画（模写）。東壁と北壁に神仏思想に基づく図が描かれ、南壁の袖石に力士像を描く。墨書はその力士像の上にある。「己亥中墓像人名□□□」と記す。図録では「己未」としているが、「己亥」年とみると、五七九年にあたると思われる。（『古代文字』韓国・釜山市立博物館展示図録、一九九七年より）

が多数みえ、直木孝次郎《なおきこうじろう》先生はこれを「人制《ひとせい》」と呼んでおられます。*1

このように古代の朝鮮半島と日本列島における表記には共通点がみられます。これは、先ほどからもいくつかご指摘がありますように、日本の漢字文化というものが朝鮮半島を通じて伝わってきたということを示しているのではないでしょうか。

平川　日本の鉄剣・鉄刀銘文の「——人」という表現、これが朝鮮半島の順興邑古墳壁画の「墓像人名□□□」という表現とよく似ているということですね。それから、「己亥中」というように年号の後に「中」を付けるのも、「辛亥年七月中」という稲荷山鉄剣の記し方と合致しています。このあたりに朝鮮半島と日本との深いつながりが見えるのではないでしょうか。

この他にもちろん、朝鮮半島には何といっても広開土王碑*2《こうかいどおう》をはじめとする膨大な数の石碑群というのがあります。こちらの研究がもっともっと進むと、日本の初期の段階の文字資料と朝鮮半島の文字文化との関係を解いていけるのではないかと期待されます。木簡にしても、先ほど犬飼さんが基調講演でおっしゃった、「前白木簡《ぜんはく》」という「何々の前に申す」という書き出しで始まる木簡も、朝鮮半島では日本に先行してあったようですし……。

ところで、いままでの日本の木簡研究ですと、本家といいますか、本来木簡のあった中国大陸との比較が行われているだけですね。日本では木簡の出土数はもう二十万点近くにのぼるんですが、朝鮮半島ではまだ百点くらいしか出ていませんから、量的な問題もありますが。

*1　直木孝次郎「人制の研究」(『日本古代国家の構造』青木書店、一九五八年)

*2　中国吉林省集安市に所在する広開土王(好太王、三九一〜四一二在位)の墓碑。四一四年建立。高さ六・三メートル、東アジア最大の墓碑。高句麗王の始祖の出自、広開土王の経歴、外征と戦果、王墓の守墓人「烟戸」などについて、四面に一七七五字を記す。第一面の「倭以辛卯年来渡□破百残」について、倭が辛卯年(三九一)に朝鮮半島に進出した根拠とされてきたが、疑問視する見方もある。

朝鮮半島の木簡については、一昨年現地でほとんど見せていただいたんですが、実に驚くのは、その百点の木簡の中には中国大陸の木簡とうりふたつのような木簡があって、もう一方では、日本の木簡と非常に共通するものがあることです。私は最近あちこちで、「朝鮮半島の百点の木簡を検討しないと、日本の二十万点の木簡の本質的なことはわからないんじゃないか」と強調しているのですが、そのくらい非常に大事な点であろうと思っています。

◆朝鮮半島との接触の実態

平川　後でまた朝鮮半島との関連は出てまいりますが、日本の政治に関わる文字の使用は、先ほど水野さんがおっしゃったように、中国大陸や朝鮮半島と、外交上あるいは経済的な接触をする中で、公式な文書を作ることから始まっただろう、ということです。

外交上の接触という点では、当時の日本を取り巻く国際環境はどうだったんでしょうか。水野さんの基調講演でもお話がありましたが、和田さん、簡単にご説明いただけますか。

和田　当時の日本を取り巻く国際環境について、簡単にふれてみたいと思います。

まず第一に取りあげるべき史料は、「魏志倭人伝」[*3]の記述です。帯方郡から倭に至る行程記事のなかに、「その北岸狗邪韓国《くやかんこく》」とみえ、朝鮮半島の南端部に、倭国の影響力が強く及んだ地域があったことが注目されます。韓国の釜山《プサン》に近い金海《きんかい》に金海貝塚があって、日本列島内の貝塚から出土する遺物と同様のものが検出されています。

次いで「魏志弁辰伝《べんしん》」によれば、「弁辰では鉄を産出し、韓・濊《わい》・倭が皆これを取り、

＊3　魏・呉・蜀の三国（二二〇～二八〇）を扱う中国の正史『三国志』の一書、「魏書」の東夷伝倭人条のこと。「魏志倭人伝」は通称。

交易に際しては鉄を用いていた」とあります。倭は狗邪韓国を通じて、弁辰の鉄を入手していたとみてよいでしょう。後に倭国が弁辰の地域に成立した伽耶《かや》諸国と修好を結ぶようになった素地も、ここにあったと考えられます。さらに倭人伝によれば、九州北部の伊都《いと》国《こく》には一大率《いちだいそつ》がいて、倭国から魏の都である洛陽《らくよう》や帯方郡・諸韓国に使者を派遣する際、また帯方郡から倭国へ使者が遣わされた際に、一大率が「津《しん》に臨《のぞ》みて捜露《そうろ》*1し、文書・賜遺《しい》の物を伝送して女王に詣《いた》らしめ、差錯《ささく》*2するを得ず」とみえています。この部分の読み下しについては、いろいろ議論もあるのですが、少なくとも一大率が漢字や中国語、さらには諸韓国の言葉に通じていたと推測してよいでしょう。邪馬台国女王卑弥呼のもとに、外交文書を作成できた人物がいたことも十分、想定することが可能です。

次に日本側に残っている史料としては、奈良県天理市布留《ふる》町に鎮座する石上神宮《いそのかみ》に七《しち》支刀《しとう》*3が伝世《でんせい》*4されています。身の表と裏に合計六十一字の銘文が金象嵌されていて、「泰和《たいわ》四年に百済《くだら》王と太子がこの刀を作り、報恩のため倭王に贈った」と記されており、その特異な形状とともに注目されます。「泰和四年」については、東晋の太和《たいわ》四年（三六九）と

▶七支刀。「泰和四年」に始まる六十一文字の銘文が、身部の表裏に金象嵌されている。冒頭の「泰和」は中国東晋の「太和」に通じ、三六九年にあたる。（天理市石上神宮伝来）

*1　荷をあらためること。

*2　不足やくいちがい。

*3　→三〇頁

*4　由緒ある貴重な品を、世代を超えて持ち伝えること。「伝世」の用語は考古学でよく用いられる。

考えられます。当時新羅と百済は交戦中で、倭は友好国であった百済に援軍を送りました。百済が倭国軍の援助を感謝し記念したのが七支刀でしょう。この七支刀の銘文によって、大和王権は四世紀中葉には西日本の過半の地域を支配下におき、朝鮮半島にまで派兵するに至っていたことが知られます。*5

五世紀に下って『宋書《そうじょ》』*6倭国伝には、いわゆる倭の五王*7が南朝の宋に遣使した記事がみえています。元嘉《げんか》二年（四二五）、倭王讃《さん》は司馬曹達《しばそうたつ》を遣わして上表しており、また昇明二年（四七八）に倭王武《ぶ》は有名な上表文《じょうひょうぶん》を捧呈しています。倭王讃のもとに、中国人かと思われる曹達という人物がいたこと、またワカタケル大王（雄略天皇。倭王武）の側近に、見事な漢文で上表文が書ける人物がいたことが注目されます。ワカタケル大王の時代、辛亥年《しんがい》（四七一）に稲荷山鉄剣銘文が記されたのも、宜《むべ》なるかな、とおもわれます。

『宋書』倭国伝によりますと、倭王讃の死後、倭王珍《ちん》は貢献して、自ら使持節都督《しじせつととく》倭・百済・新羅・任那《みまな》・秦韓《しんかん》・慕韓《ぼかん》六国諸軍事、安東大将軍、倭国王を称し、上表して、除正すなわち正式な任命をせられんことを求めるのですが、詔あって安東将軍、倭国王に除せられたにすぎません。元嘉二十八年（四五一）に、倭国王済は使持節都督倭・新羅・任那・加羅・秦韓・慕韓六国諸軍事、安東将軍、倭国王に、昇明二年（四七八）に、倭国王武は使持節都督倭・新羅・任那・加羅・秦韓・慕韓六国諸軍事、安東大将軍、倭王に除せられています。

高句麗王や百済王はそれぞれ、宋に朝貢して除爵されていますから、倭国王の軍号に両国が含まれていないのは勿論《もちろん》のことですが、六国諸軍事に新羅や伽耶諸国が含まれている

*5 『日本書紀』に、「三六四年倭国軍が渡海し新羅軍を破り伽耶の七国を平定、済州島を占領して百済に与えたので、百済の肖古王と王子貴須が来会し倭国に忠誠を誓った」「百済王は七支刀一口・七子鏡一面および種々の重宝を倭国に献じた」とみえ、七支刀や七子鏡は伽耶の七国の象徴とみられる。

*6 中国南朝の宋（四二〇〜四七九）についての正史『宋書』の巻九十七夷蛮伝倭国条をいう。

*7 『宋書』倭国伝にみえる五人の倭王、讃・珍・済・興・武のこと。応神天皇以下の五世紀ごろの天皇に比定される。

ことは注目に値します。倭国の軍事力がこれらの地域に広く及んでいる事実を、宋では認識していたことに他ならないからです。

倭の五王が宋に遣使する際、その朝貢ルートは朝鮮半島西海岸を北上し、渤海湾《ぼっかい》を横断して山東半島に至り、その後、中国大陸の沿岸を南下したと考えられますから、伽耶諸国や百済との修好関係が樹立していなければ、遣使も難しかったと思われます。

昇明二年に倭国王武が宋に上表文を捧呈《ほうてい》して以降、中国側の史料では、『隋書《ずいしょ》』[*1]倭国伝に至るまで、倭国についての情報は途絶えてしまいます。『日本書紀』によれば、六世紀代には倭・百済・伽耶諸国は新興の新羅に押されて常に守勢に立たされ、五六二年（欽明二十三）に至り、倭国は伽耶の拠点、任那官家《みまなかんけ》[*2]を失ってしまいます。

時間の関係で、まことに大雑把な概観となりましたが、ほぼ三世紀から六世紀に至る時期の、倭国と東アジア世界との交流についてお話しさせていただきました。

平川　現在は国を越えた人の往来は法律で縛られていますが、当時はそういう意味の縛

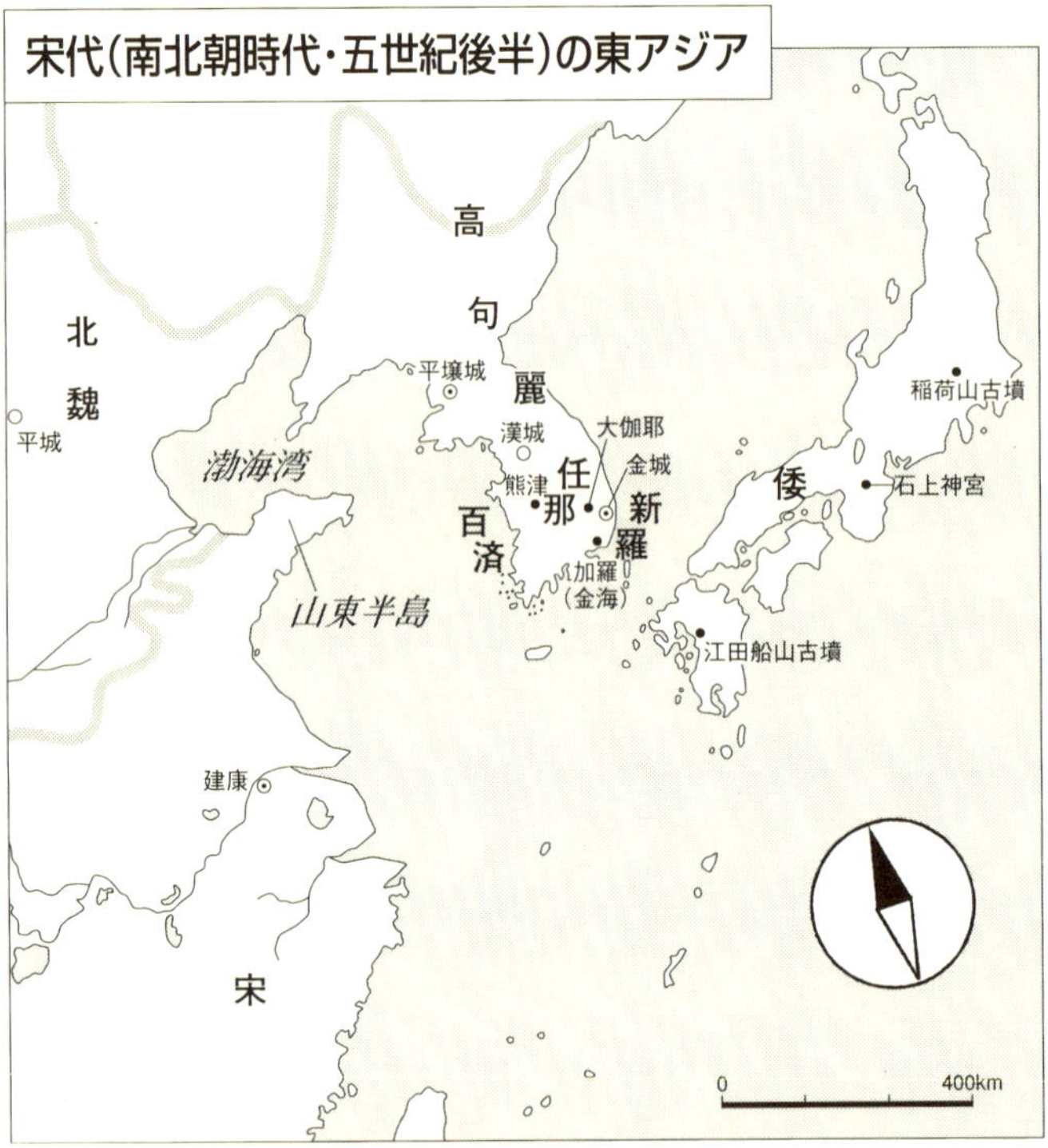

宋代（南北朝時代・五世紀後半）の東アジア

＊1　隋朝（五八一〜六一八）の正史。巻八十一東夷伝倭国条に、倭国についての記述がある。

りはありませんでした。また、中国を核とした東アジアというひとつの社会が成立し、共存しながらも隣国にいつ攻められるかわからないという緊張感が常にありました。現代に生きる私たちがイメージする東アジアとは違う社会だったのです。

そんな中で、海を隔てたアジアの東の果てに位置する倭国がしたためる外交文書には、今とは違った意味でさまざまなアピールが必要だったことは想像に難くありません。

漢文がきちんと書ける人間の存在は、外交に必須でした。その文筆に携わったのはいったい誰だったのか。その後の律令国家においては渡来人が重要な位置を占めました。同様に、ましてやこの漢字・漢文が日本に来て間もない時期では、その役割を担った人々として、当然、渡来人が想定できるでしょう。

では続けて、外交から離れ、日本国内の政治の世界に焦点をあてて見ていきましょう。

＊2　任那日本府。『日本書紀』欽明二年条に見える、大和政権が伽耶諸国を援助するため安羅においた軍事・外交施設。「任那」は古代朝鮮半島南部の国名で、金官加羅（金官国）、のち伽耶を指す。「任那」の用例は朝鮮の史料にはほとんどないが、日本の文献に多用されている。

2 古代の政治と文字

古墳時代中期、大和王権が姿を明らかにしはじめたころ、各地の古墳には文字の刻まれた数々の刀剣が副葬された。刻まれる文字は、一文字ではなく複数。解読の結果、王の名や官職名を含む、文が浮かび上がってきた。これらの「文」は、どんなメッセージを語っているのだろうか。

五世紀の銘文

◆鉄剣に記された文字たち

平川　さて、ここまで一文字が書かれた出土物を見てきましたが、センテンスのあるもの、つまり文の体裁をなしているものはどこまで遡れるのでしょうか。

順を追って見ていきましょう。一つは千葉県市原市の稲荷台《いなりだい》一号墳から出た「王賜《おうし》」*1銘《めい》鉄剣といわれる資料です。五世紀半ばの資料と考えられ、年代的にいえばこれが恐らく最も先行します。十二文字ぐらいの非常に簡潔な文章のものです。私などの理解では、これが恐らく王家が下賜した剣の、典型的な文型であっただろうと考えています。「王」とのみ記し王の固有名詞がないこと、つまり「王」とだけ表記しても、当時十分に通じたと想定されるところに大きな意義を認め、下賜するのにふさわしかったのだろうと思うので

*1　→三八頁

す。

稲荷台一号墳の鉄剣は、現在見つかっている物の中では、日本列島内において政治的に用いられた一番古い段階の文字で、かつ、センテンスを持ったものとしても一番古いものと考えられるでしょう。この剣の銘文を古代史の流れの中に置くと、どう考えればよいのでしょうか。

和田　倭国で製作された鉄剣・鉄刀のうち、銘文が刻まれている事例はごくわずかですが、時代が一番古いものがこの稲荷台一号墳から出土した「王賜」銘鉄剣です。表に「王賜□□敬□[安]」の六文字、裏面には「此廷□□□□」の六文字が銀象嵌されています。「王賜」銘鉄剣で注目されるのは、平川さんが指摘されましたように[*2]、表の「王賜」が裏面の文より二文字分上にあげて強調されていることです。こうした表記法を抬頭《たいとう》というのですが、出土した須恵器の年代から、稲荷台一号墳は五世紀中葉より少し遡る時期に築造されたと推定されていますので、そのころに抬頭という、中国における文章表記法が知られていたわけです。稲荷台一号墳は直径二十七・五メートルの小円墳にすぎませんから、「王賜」の「王」が『宋書』倭国伝にみえる「倭王」「倭国王」、すなわち大和王権の王なのか、上総《かずさ》の地を支配した王を意味するのか、問題を残しています。しかし各地の有力首長が王を自称し、中国から倭王・倭国王の称号を与えられた大和王権の王と対峙していたという状況は考えにくいと思います。また、抬頭の表記法を熟知して銘文を刻んでいますから、大和王権の所在地

＊2　平川南「銘文の解読と意義」（滝口宏監修、市原市教育委員会・財団法人市原市文化財センター編『「王賜」銘鉄剣概報』吉川弘文館、一九八八年）

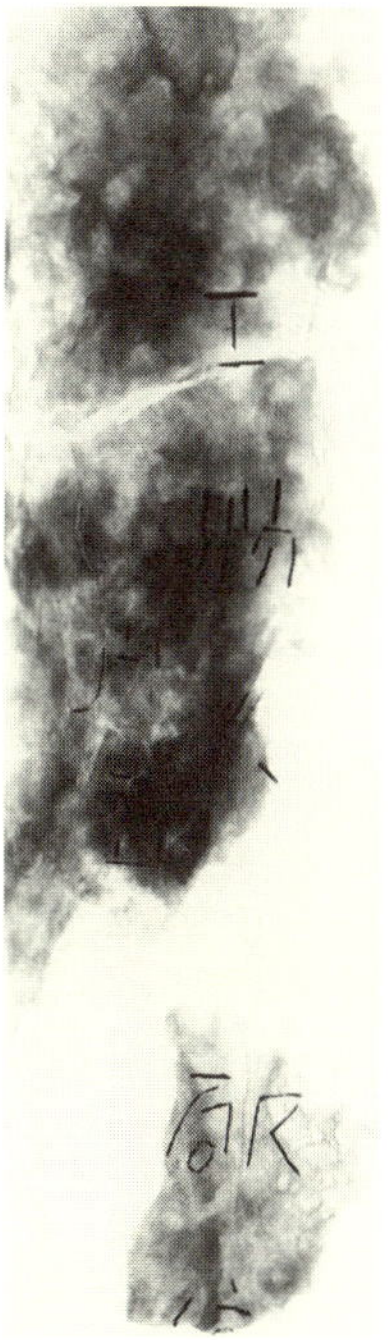

◀千葉県市原市の稲荷台一号墳出土の鉄剣（部分・X線写真）。銀象嵌の銘文「王賜□□敬[安]」がある。五世紀半ばのもの。（市原市埋蔵文化財センター蔵、永嶋正春氏提供）

で製作された銘文鉄剣が、上総の中小クラスの稲荷台一号墳の被葬者に下賜されたと考えざるを得ません。

平川　現在のところ、この稲荷台鉄剣の後に続くのが、発見当時にかなり関わられていた水野さんが先ほど詳しく説明されましたように、稲荷山鉄剣や、江田船山の刀となります。

この稲荷山鉄剣については、いくつか議論が分かれておりますが、先週、埼玉では稲荷山古墳が発見されて二十周年というので記念のシンポジウム*1があったそうです。それにちょうど和田さんは出席されていましたので、一番最新のところでいうと、稲荷山鉄剣の評価はどのあたりで落ち着いたんでしょうか。

和田　いろいろな問題があってなかなか難しいのですが、稲荷山鉄剣銘文や、江田船山古墳出土の鉄刀銘文は、いずれも「*2獲加多支鹵《ワカタケル》大王」と書いてありますから、雄略朝（五世紀後半）のものということには間違いありません。しかし、いまお話しした稲荷台一号墳出土の鉄剣が王権から与えられたものであるのに対して、稲荷山鉄剣や江田船山鉄刀は少し事情が違います。

治天下獲□□□鹵大王世奉□（事）典曹人名无□（利）弖
八月中用大□（鐺）釜并四尺廷刀八十練六十捃三寸
上好□（利）刀服此刀者長□（壽）子孫注々得□（其）恩也不失
其所統作刀者名伊太□（加）書者張安也

▶熊本県江田船山古墳出土の鉄刀（部分）。銀象嵌で七十五文字が刻まれている。銘文中の「獲□□□鹵大王」は稲荷山古墳出土の鉄剣銘と同じくワカタケル大王、雄略天皇を指すと考えられる。五世紀半ばごろのもの。（東京国立博物館蔵）

*1　「稲荷山古墳の鉄剣研究二十年の成果と課題」（大東文化大学オープンカレッジ開講五周年公開シンポジウム、一九九八年十月二十四日）

*2　「ワカタケル」は雄略天皇の実名（諱［いみな］）。雄略は漢風諡号（中国風のおくり名）で、奈良時代後半に献呈された。和風諡号は、『古事

まず江田船山鉄刀の銘文を見ますと、典曹人の「无利弖《ムリテ》」という者が刀を作ることを命じ、銘文を作ったのは最後の行にあるように、「張安《ちょうあん》」という人物。そして、実際、この鉄刀を鍛えた者が「伊太加《イタカ》」というふうに書いてあります。雄略、つまり「獲加多支鹵大王」の側近であった「无利弖」が、有明海の航海権を掌握していたと考えられる菊池川中流域の、在地の首長に与えたものです。

稲荷山鉄剣の場合も、まず「意富比垝《オホヒコ》」から始まる八代の系譜が記されていて、その最後に「乎獲居臣《ヲワケのおみ》」がみえ、ヲワケ臣が「獲加多支鹵大王」を左治《さじ》（佐治）したと書いてあります。つまり、ワカタケル大王を佐治（左治）していた杖刀人首のヲワケ臣が、自らの功績を記念して製作させたものと考えられるのです。従来、「乎獲居臣」を大和の中央豪族出身者とみるか、東国の地方豪族出身者とみるかということで意見が分かれておりました。先日行われた大東文化大学でのシンポジウムでは、パネラーのほとんどの皆さんの意見は、

記』では大長谷若建命〔おおはつせわかたけるのみこと〕と記され、実名に地名を加えたもの。「天皇」の称号は七世紀代からで、それ以前は「大王」。

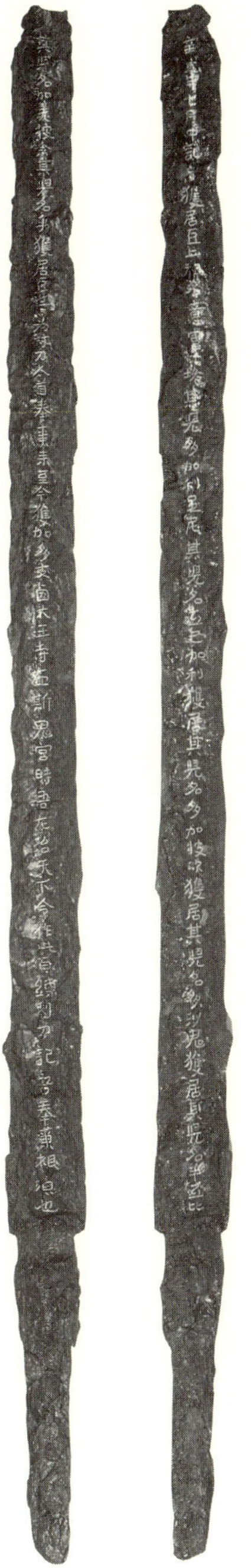

▲埼玉県稲荷山古墳出土の鉄剣。表裏に金象嵌の計一一五字の銘文が刻んである。冒頭の「辛亥年」は四七一年。「獲加多支鹵大王」は「ワカタケル大王」と読まれ、雄略天皇をさす。この例から雄略の実名が確定した。（埼玉県立さきたま資料館蔵）

（表）辛亥年七月中記乎獲居臣上祖名意富比垝
其児多加利足尼其児名弖已加利獲居其児名多
加披次獲居其児名多沙鬼獲居其児名半弖比
（裏）其児名加差披余其児名乎獲居臣世々為杖
刀人首奉事来至今獲加多支鹵大王寺在斯鬼宮
時吾左治天下令作此百練利刀記吾奉事根原也

「乎獲居臣」は「獲加多支鹵大王」すなわち雄略天皇の側近であった大和の人物だということで、一致しました。ただ、銘文鉄剣の出土した稲荷山古墳の礫郭《れきかく》の埋葬者と、「乎獲居臣」がどういう関係にあるのかということについては、まだ解決がついておりません。「乎獲居臣」から稲荷山古墳の礫郭の被葬者にこの剣が与えられたとする説と、そうではなくて、「乎獲居臣」が大和から東国に赴いて稲荷山古墳に葬られたという考え方、あるいは、その銘文鉄剣が伝世されて、少し後の時期に埋納されたという考え方に分かれています。

はっきりしてきましたのは、年代の問題です。稲荷山古墳には長方形状の二重周溝《しゅうこう》がありますが、その堤の西側には造《つく》り出《だ》し部があります。この造り出し部から、かつて昭和三十八年に斎藤忠先生が発掘された時に墳丘の後円部《こうえんぶ》頂上から出た須恵器《すえき》*1と、ぴったり接合する須恵器が近年出土しました。その型式はTK47*2で、年代的にいうと、銘文にある「辛亥年」すなわち四七一年の、少し後くらいです。

銘文鉄剣が検出された礫郭は、墓壙《ぼこう》に小石を敷き詰めて船の形のようにした埋葬施設で、東国に固有なものです。この礫郭からの出土物の中に銘文鉄剣があったわけですが、その他の遺物としては、MT10型式の須恵器などがあります。この須恵器の年代は、先程述べた造り出し部や墳頂の須恵器より一段階新しい。すなわち、稲荷山古墳が築造されたのは、TK47という須恵器の型式からみて五世紀の後半、四七一年ちょっと過ぎと考えられます。それに対して礫郭はMT10という須恵器の型式からみて五世紀末から六世紀初めで、両者の間には二十、三十年の差があるということがはっきりしてきました。

*1　五世紀前半に朝鮮半島南部伽耶地方から渡来した陶工集団により生産され始めた窯業製品。ロクロで仕上げ、窖窯［あながま］で千度以上の高温で還元焔焼成を行うため、暗青灰色の堅牢な製品となり、液体を蓄えるのに適した。当初は主に祭祀具に用いられたが、次第に供膳具や日常雑器に用いられるようになった。

*2　初期の須恵器生産は、大和王権の管理下、大阪府南部の丘陵地で集中的に行われた。その遺跡を陶邑［すえむら］古窯址群という。須恵器の編年は主にここから出土した須恵器をもとに行われている。代表的な須恵器は、TK（高蔵）、MT（陶器山）のような各地区名と、窯番号で示される。

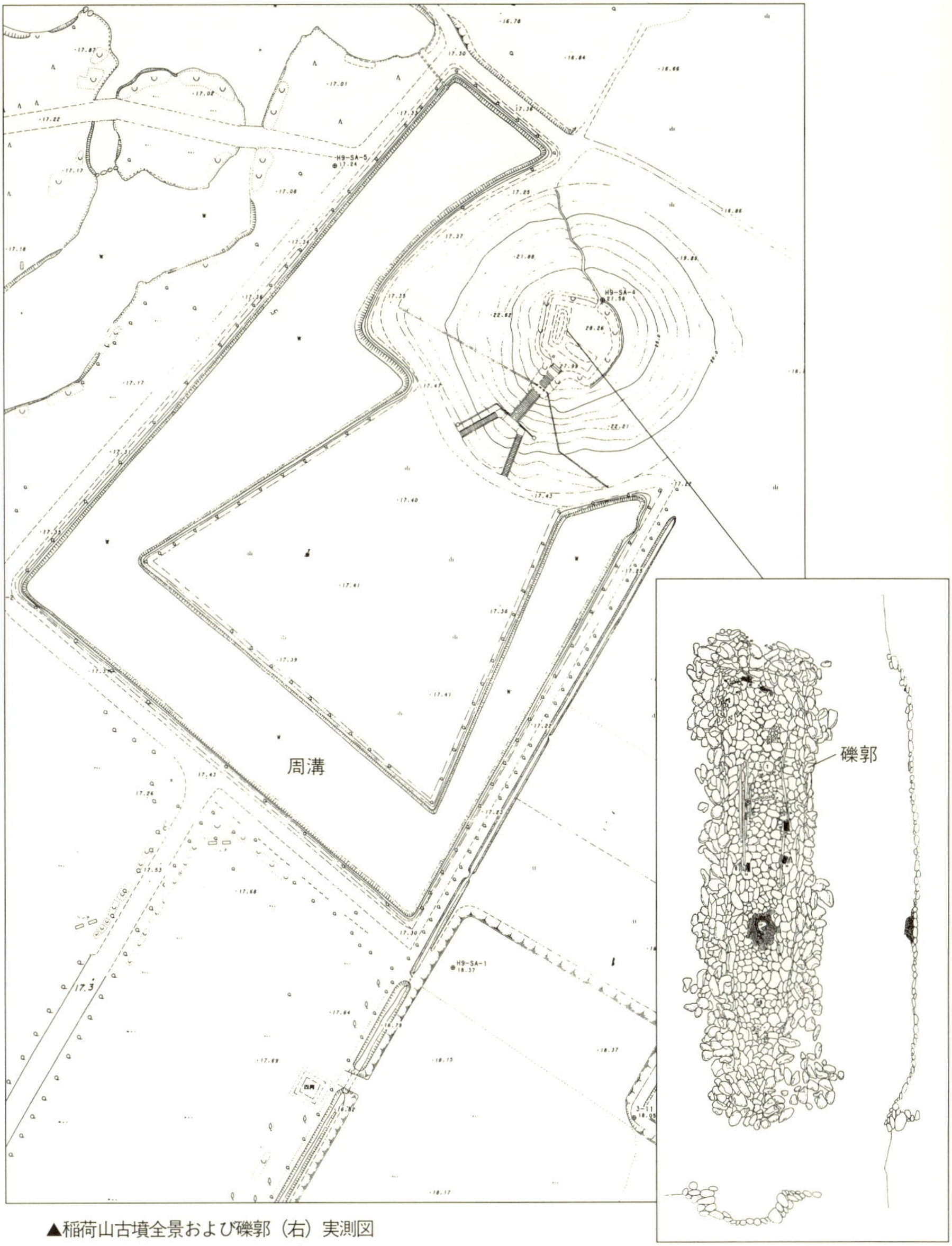

▲稲荷山古墳全景および礫郭（右）実測図
（埼玉県立さきたま資料館提供）

古墳が造られた年代と、礫郭の年代が違うというのはどういうことなのでしょうか。従来の調査を振り返ってみますと、後円部頂上の中心部は掘られておりません。どうやら、その部分にもう一つ埋葬施設があるのではないか、稲荷山古墳の一番中心の埋葬施設はまだ見つかっていないのではないか、ということがかなり明確に指摘されるようになってきました。

ですから、辛亥年（四七一）に近いころに稲荷山古墳が造られて、その被葬者の埋葬施設は後円部の中心部にあり、さらに、その周辺に一世代後の人物を葬った礫郭があって、そこに銘文鉄剣が副葬されていた、つまり、稲荷山古墳の中心となる被葬者と、礫郭の被葬者は、一世代くらい違っていて、銘文鉄剣は前者から後者へと伝えられた、というふうな考え方も浮上してきました。ちょうど中国から中国社会科学院考古研究所の所長をされていた王仲殊《おうちゅうしゅ》先生も見えておられまして、先生もそうした考えでありました。

◆剣、そして文字を与えること

平川　これにつきましては水野さんのお話にもあったようにいろいろな意見がありまして、私のように、ヲワケ臣を、中央の人間ではなく地方豪族だと思っている人もおりますが……。

和田　私は、ヲワケ臣を、奈良盆地東南部を拠点としていた阿倍氏やその同族の出身で、ワカタケル大王に近侍していた武将と想定しています。大和王権と対峙していた毛野《けぬ》[*1]の勢力に対抗するため、ワカタケル大王の命を受け、毛野に近い北武蔵に派遣された武将

*1　上毛野（上野国。群馬県）と下毛野（下野国。栃木県）の範囲。前方後円墳が数多くあり、毛野氏は強大な勢力を有していた。

がヲワケ臣であり、その功績を記念して銘文鉄剣を作らせたと考えています。

一方、ヲワケ臣を地方の在地豪族出身とする考え方は、井上光貞先生以来、現在に至るまで主張されており、有力な考え方なのですが私は賛同できません。その理由は、まず第一に、埼玉《さきたま》古墳群は稲荷山古墳から突如として築造され始めるという事実です。もしヲワケ臣の家が在地の有力豪族で、代々、その子弟を杖刀人として大和王権に上番させていたとすると、埼玉古墳群に稲荷山古墳に先行する古墳があって当然なのですが、それが全く存在しない。また近隣地域にも、それに相当する古墳群がありません。第二に、文章全体が漢文で記される一方で、倭国の人名や地名については、漢字の一字一音で表記しています。これは江田船山古墳の鉄刀銘文とも共通していて、雄略朝における最先端の文章表記であったとみられます。江田船山鉄刀の銘文は、中国系の渡来人である張安によって書かれていますから、稲荷山鉄剣銘文も同じような状況を想定してよいでしょう。

稲荷山銘文鉄剣は、もともと白刃の表と裏に金象嵌された銘文が光り輝いていた儀仗用のもので、実用に供されることはなかったと考えられます。北武蔵に君臨したヲワケ臣が諸儀礼に際して、またヲワケ臣の家で行われた祖先祭祀などの折に、この銘文鉄剣を捧呈して、大和王権の権威を示したのでしょう。大和王権の膝下で製作されたこれらの銘文鉄刀や鉄剣には、金・銀で象嵌された文字、とりわけワカタケル大王の名が刻まれていることが、銘文鉄刀・鉄剣の保持者に大和王権の権威を附与したと考えられます。

私見では、稲荷山古墳はヲワケ臣のために築造されたものであり、銘文鉄剣はヲワケ臣の子に伝世され、その子が礫郭に葬られた際、副葬品として埋納されたと想定しています。

水野　私にもひとことお話しさせて下さい。埼玉県稲荷山古墳出土の「辛亥年」銘鉄剣の場合は、杖刀人首として雄略天皇に仕えるヲワケ臣が、自らの家の八代の家系を刻み天皇に奉事する根源を記したもの、また、熊本県江田船山古墳の場合は雄略天皇に仕える典曹人ムリテが伊太加に刀を作らせ張安に銘文を作らせたという内容です。埼玉にヲワケ臣がいる、熊本にムリテがいるとはどこにも書いてありません。また逆に彼らが大和にいるとも書いてありません。しかし杖刀人・典曹人として朝廷に仕えているわけですから、大和にいて作刀した可能性が大きいことはいうまでもありません。

ともに雄略期の刀剣ですし、官職名をわざわざ入れている所からすれば、私は、作刀後、朝廷に提出した刀剣かと考えています。廷倉に納められていた刀剣がやがて朝廷の指示で各地の人々や大和に出てきた人々に渡される。その場合、銘文とは全く無縁な人に渡されるケースもあるのではないかと考えています。

平川　なるほど。同じ文字が刻まれている資料でも、解釈がいくつもでき、それによって描く歴史像も違ってくるわけですね。発見から二十年を経た今後も、論議が続く非常に重要な資料だと思います。

◆考古学の文字探究

平川　ここまでの問題を通して整理してみましょう。まず第一に、日本列島で最初に文字が使用された時は、恐らくあくまでも、中国大陸や朝鮮半島との交流の必要性から漢字を取り入れたのだろうということ。その次には、外交から内政へと文字の舞台が広がり、日本国内の政治的な脈絡の中に活かす形で、センテンスを持った文が書かれる。それがこの稲荷台の「王賜」銘鉄剣、あるいは江田船山鉄刀、稲荷山鉄剣という五世紀代の資料ですが、完全に日本の内政の中で文字が使用され、文章として書かれたという点に大きな画期があるだろうと思います。

では、最近相次いで発見されている、二世紀から四世紀の土器に書かれた一文字のものは、こうした流れの中で全然無意味かというと、そんなことはありません。日本列島に入ってきた初期の段階に、文字がどのような過程で列島内に浸透していったのかを考えた場合、それは外交という面だけではないでしょう。今後の発見によってこの段階の資料数が増えていけば、そうした問題を考える際の資料として大きな意味を持ってくると思います。

また、いままでに発見されている資料を見ますと、すでにさまざまな指摘がされておりますが、筆順に問題があるなど、完全に漢字を消化しきれていない部分もたくさん見受けられるんですね。これは朝鮮半島も、かなり似た傾向にあります。しかし、むしろその方が、漢字がどのように受け取られていったかという実状を示しているのではないかと考えられ、日本の初期の文字文化を考えていく上で非常に有効な資料であろうと思います。

つまり、今後の考古学の文字資料の研究において、一方で我々は、日本で書いたセンテンスのある文字について、五世紀以前などより古いものの発見を期待するわけですが、一方では、土器に書かれた一文字、一文字についても、それがどういった質のものであるか、注意深く見ていく必要があるだろうと考えています。

銘文をめぐって

◆書かれた文字の歴史的な意味

平川　ところで、いま挙げたような五世紀の資料を見ていると、いくつか気になる言葉があります。たとえば江田船山の鉄刀銘文の冒頭に、「治天下」という語がありますね。これはどう読んだらよいのでしょう。

和田　読みの問題はなかなか難しいですけれども、「治天下」というふうに記している点は、注目すべきだと思います。「治天下」は「あめのしたしらしめしし」と読み、「天下をお治めになった」の意です。[*1]大宝律令《たいほうりつりょう》施行に伴って「御宇《ぎょう》」という表記に変わるのですが、古代史の立場から考えると、五世紀後半の「獲加多支鹵大王」すなわち雄略の段階から、八世紀初頭まで、「治天下」「天下」を称したということの意味がむしろ重要なのではないかと思います。

倭の五王は南朝の宋に朝貢した際、宋から「倭国王」という称号を与えられました。ところが、倭国王武（雄略）は、四七八年の遣使を最後に、中国へ朝貢することをやめてしまう。そして、ほぼその時期を境に「治天下」を称し出す。すなわち、それまでは中国を中心とした天下の構成員であったものが、それを脱して、倭国を中心とした「小天下」の盟主であると主張し出したのです。恐らく朝鮮半島も視野に入れて「小天下」を称したのでしょう。そのことが重要だと思われます。

*1　刑部［おさかべ］親王・藤原不比等らにより編纂された古代の基本法。律六巻、令十一巻より成る。令は大宝元年（七〇一）、律は翌年に施行。「御宇」の表現は、大宝令中の公文書書式を定めた公式令の詔書式条にみえる。

四七五年に高句麗《こうくり》が南下して、百済の漢城が落ちるわけですが、雄略は恐らく高句麗に対抗する意識が非常に強烈で、「小天下」を称し出した。この小天下の王であるという観念が「治天下」であり、それが形骸化しながらも八世紀初頭まで続いていた。そうした意識からか、七世紀初めの推古朝に、恐らく実質的には聖徳太子だと思われますが、大業三年（六〇七〔推古十五〕）に遣隋使《けんずいし》を遣わした時に、「日出《い》ずる処《ところ》の天子、書を日没する処の天子に致す。恙《つつが》なきや、云々」と国書[*2]に記しており（『隋書』倭国伝）、中国の皇帝と対等な意識として表われてくるのではないか、そんなふうに思います。

平川　いまのことは多分、「大王」[*3]なども同じことですね。高句麗の広開土王碑に「好大王」とあるように、日本が五世紀段階から「大王」という号を使い始めるというのは、高句麗と対抗関係にあったからではないか、最近そういうことが強調されています。[*4]

水野　雄略天皇の時代は万物創成という雰囲気につつまれた時代のように考えられます。応神・仁徳天皇など長命の実力派の天皇のあと允恭《いんぎょう》天皇を除くと天皇は短命、したがって国内は不安定、そこへ雄略天皇が即位し強力な執政政策をとり始める。私は、そうした政策の一つとしてこうした各氏の権力的把握のために、氏上《うじのかみ》や有力官人に家系や奉事の由来を刀剣の銘に刻ませて提出させたり、一旦廷庫に入れた刀剣を再度各地に配布したり、種々の政策を遂行しているのではないかと思います。それだけに「治天下」「佐治天下」「大王」といった句が生まれてくるのだと考えています。何といっても倭の五王の「武王」ですからね！

＊2　国と国との間で交わされる正式な外交文書。

＊3　隅田〔すだ〕八幡宮の人物画像鏡にも同じく「大王」の文字がある。この鏡にある「癸未年」を四四三年とすると、倭国王済（武の二代前の天皇。允恭天皇にあてる説が有力）の段階で大王を自称したと考えられるので、「王賜」の「王」は、倭国王済より以前の王であった可能性がある。

＊4　吉田孝『日本の誕生』（岩波書店、一九九八年）

◆銘文の「読み」—音・訓・仮借—

平川　この「治天下」という語について、私などは少しひっかかるので国語学の立場の方に一度聞いてみたいと思っていたことがあるんです。江田船山の資料などの、冒頭の「治天下」というのを、後の『万葉集』などにあるような「天の下しらしめす」というふうな訓読で読むというのは、――教科書とか概説書などでもこれをそう読んでいるんですけれども、犬飼さん、どう読んだらよろしいでしょうか。

犬飼　訓読すれば「天の下しらしめす」、あるいは「天下《てんか》を治《おさ》む」と読めます。

平川　中国語、漢文的な用法として、「治天下《チテンカ》」といういい回しは恐らくあるわけですね。そうすると、これを当時の人たちは、「治天下《チテンカ》」と漢語でそのまま読んでいたか、日本語として訓読で読んでいたか、この五世紀段階では、両方の可能性があるということでしょうか。

このころには、和語としては当然「あめ」とか「した」はあるわけですね。それを、のちの『万葉集』などでいっているように「天」や「下」という漢字の読みとして定着していた、つまり「訓」が成立しはじめていたと考えていいのか、そうじゃなくて、この当時は単なる音読で、漢文に従った形で「天下《テンカ》」と読んだのでしょうか。

犬飼　「テンカ」と音読みした可能性が大きいと思います。「あめのした」という概念の成立については遠山一郎さんのご研究[*1]が詳しいのですが、この時代のことはわかっておりません。ただ、天皇の諱《いみな》[*2]に「天下」の意味の「あめ」を含むのは、欽明《きんめい》天皇の「あめく[*3]におしはるき（〝おしはらき〟とも）ひろには」が最初でございます。『日本書紀』の記述

*1　遠山一郎『天皇神話の形成と万葉集』（塙書房、一九九八年）

*2　生前の実名。昭和天皇は「ひろひと」。一一四頁脚注2参照。

*3　『古事記』では「天国押波流岐広庭天皇」、『日本書紀』では「天国排開広庭天皇」とある。

を信用するといたしますと、即位が五三一年でございますから、天下の意味の「あめのした」が成立したのは六世紀より後で、五世紀はまだ音読みしたとみるのがよろしいかと。

平川　では、稲荷山鉄剣の文章全体は、訓読、音読どちらとみたらよろしいですか。

犬飼　訓読は漢文を日本語の文になおして読むもの、音読は漢文を頭から音読みするものといたしますと、音読とみるのがよろしいかと思います。この文章には漢文の語順に一致しないものがございませんので、国語学では、この文章は漢文であって、頭から音読され、固有名詞だけが仮借《かしゃ》で書かれているというふうに考える人が普通です。

平川　仮借については先ほど犬飼さんからご説明いただきました[*4]。要するに、中国語にない日本語のことばがある時に、漢字の音を使って表わす方法で、今も中国では外来語を表わす時などに使われています。「ムリテ」なら「无利弖」、「ヲワケ」なら「乎獲居」、というように、人の名前のような固有名詞部分の一音一音に、それに近い音の漢字を一文字ずつ当てていくということです。これが後に、いわゆる「万葉仮名[*5]」に発展していくわけですね。

この段階は、漢文を訓読して、日本語として読みこなしていたのではなく、あくまで外国語、中国語としてそのまま読み書きしていた。そして日本語にしかないことばは漢字の音を使って表わしたということになりますね。ただし、これは渡来人か、ほんの一部の日本人に限られていた。このころの文字使用は、そういう段階にあったと考えてよろしいでしょうか。

犬飼　ただ、五世紀に訓読が全く無かったかといえば慎重に考える必要がございます。

*4 →五五頁
*5 →五六頁

たとえば先ほどの「乎獲居臣」を「ヲワケのおみ」と読めば「臣」の字までを固有名詞とみるわけですが、これは「おみ」という訓が定着していたことにもなります。しかし、今のところは確実にそうだといえるような証拠がございません。

平川　なるほど。五世紀段階の実際の銘文などを読んでいく時に、このあたりの問題が、どうしてもまだまだ同時代の資料が少ないために議論するところまで行けないんですね。ただ、数少ないながらも朝鮮半島の資料に少しヒントがあるようですね。

3 古代日本語と文字

近年、地方からも、七世紀前半にまで遡る古い木簡が発見されている。今日《こんにち》残された七世紀代の文からは、日本語を書き記すための人々の苦労と工夫が読みとれる。日本人が「漢字」を自らのものとし、やがて『万葉集』として結実するまでの歩みを追ってみよう。

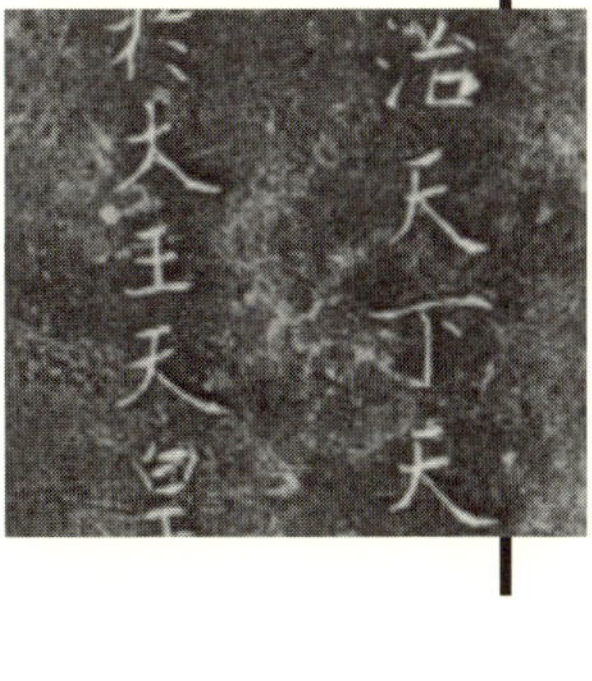

漢字をどのように日本語へ適用したか

◆中国語から日本語へ

平川　さて、ここで日本語の問題にしぼって、いままでのおさらいをしてみましょう。まず最初に、漢字を使って日本のことがらを書こうとした時に、初め人々は中国語で書いて中国語で読んだ。わが国の文字や文章を表記する歴史からいって、これが恐らく第一の段階だと考えられます。純粋の中国語すなわち漢文が、渡来人によって書かれる、ここからわが国の表記が始まったとするのは、問題ないと思います。

次は、先ほどの稲荷山鉄剣とか江田船山鉄刀などに出てきましたように、固有名詞の一部分だけを日本語の発音のとおりに漢字で記す「仮借」が用いられるようになる時期で、文章全体は漢文音読という段階です。これを恐らく第二の段階と見てよいかと思います。

次の段階になりますと、資料の増加とともに、俄然《がぜん》、国語学、国文学と古代史、考古学が合体した形で議論できるようになってきます。そのあたりを次に扱ってみたいと思います。

さて、日本人が何かを記録しようとした時、どうしても中国の漢字文と日本語の違いというものが問題となってきます。寄せられた質問の中にも何通かこの内容のものがありました。日本人がある程度分量のあるものを書くようになり、発見される資料の数が増えてくるのは七世紀の段階ですが、このころ書かれた資料には、こうした違いがちらほらと見えているようです。中国の漢字の文章と日本語の大きな違いを整理してみるとどうなるでしょうか。犬飼さんの方から、例の「語順が異なる」話について、一言お願いします。

犬飼　法隆寺金堂の薬師如来坐像の光背の銘文というのがございます。これなどは私たち国語学ではすでに日本語の文であると、いわゆる変体漢文であるとみるわけです。その証拠として一番強力なのが、三行目の下の方にある「薬師像作」です。その上は「造寺」とございます。この部分を通して読むと、「故《かれ》、寺を造り、薬師像を作らむ」というふうに書いてあるわけですが、「造寺」は漢文のように動詞が前にあって、目的語の「寺」が後ろにございます。中国語はこのように動詞が先に立って、目的語が後に来ます。英語と同じ語順です。「薬師像作」は逆に、「作」が下にあります。日本語の場合は、「薬師像を作る」というように、目的語が先にあって、動詞が後に来ます。つまり、この銘文には、中国風・日本風両方の語順が含まれているわけです。恐らく、「薬師像作」の部分は目的語が「薬師像」と三字なので、はしなくも日本語の語順が出たんだと思います。こういう証拠がありますと、訓読しているということになります。

次に四行目の上の方ですが、「造不堪者《つくりあえねば》」とございます。先ほども基調講演で申しましたが、*1 この「者」という字は、中国語の使い方としては「あるものを取り立てて、分けて示す」という言葉です。日本語でしたら係助詞の「は」にあたります。条件をあらわす文脈にも使いますが、その時も取り立てて区別する意味が生きておりまして、「もし…ならば」という仮定の条件になります。ところが、この銘文の文脈は「造ることができなかったので」という確定の条件になっております。これは、この「者」の字が、中国語の用法から離れて、日本語の接続助詞の「ば」を表わしているからでございます。こういうことが証拠としてあれば、それはいわゆる変体漢文で、漢文風に見えても実は日本語として読めるということになります。

平川　この資料につきましては、文中にある「丁卯年《ていぼう》」を取りあげて、推古十五年（六〇七）に作られたという説もございますが、最近の研究ではこれは七世紀後半の製作であるといわれております。「天皇」などという文字があるのも、先ほど犬飼さんが説明された飛鳥池《あすかいけ》遺跡出土の「天皇」木簡*2 が七世紀後半ですから、私は恐らくこの後背銘も七世紀後半の製作でいいと思うんですが。

＊1　→七三頁
＊2　→六〇頁

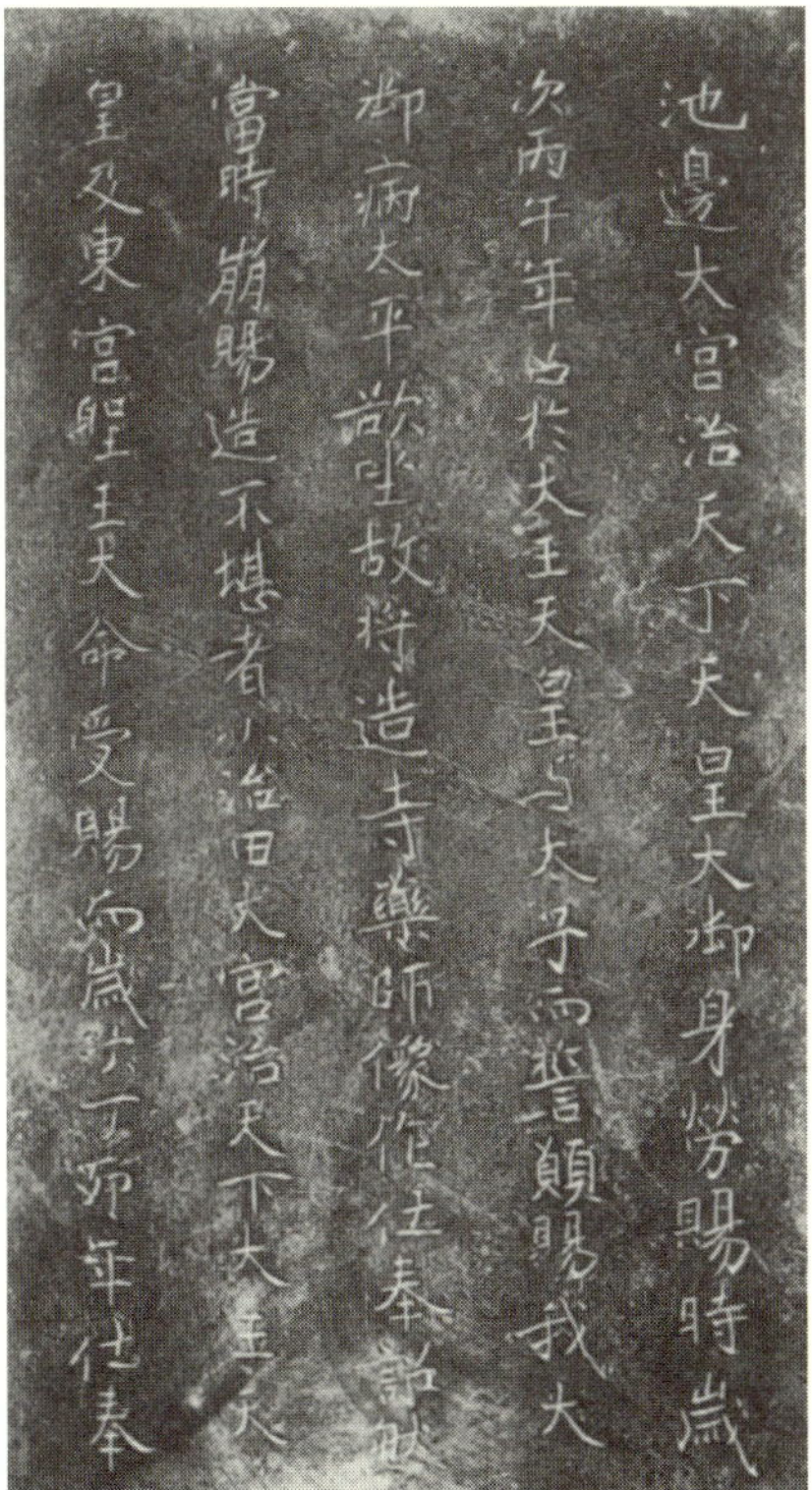
池邊大宮治天下天皇大御身勞賜時歲
次丙午年召於大王天皇與太子而誓願賜我大
御病太平欲坐故將造寺藥師像作仕奉詔然
當時崩賜造不堪者小治田大宮治天下大王天
皇及東宮聖王大命受賜而歳次丁卯年仕奉

◀法隆寺金堂薬師如来坐像光背の銘文。最終行には年紀「丁卯年」（推古十五（六〇七））がある。ただし、像は白鳳時代の仏像とされており、銘文年紀とは年代が合わない。この銘文も七世紀後半、法隆寺再建時の文章かといわれている。（法隆寺蔵）

犬飼　賛成です。推古天皇の時代にはかなりの数の資料が残っておりまして、*一推《すい》古《こ》朝《ちょう》遺《い》文《ぶん》と呼ばれておりますけれども、それらの文章を見ましても、先ほどの稲荷山鉄剣の銘文と同じように、固有名詞を仮借で書いた部分以外は漢文として読もうとすれば読めますので、この光背銘文だけが変体漢文になっているというのは具合が悪いことになります。

◆敬語表現

平川　この、法隆寺金堂の薬師如来坐像の光背銘文の中で、敬語が使われているという点については。

犬飼　一行目の下の方、「天皇」という字の後に「大御身労賜時」というのがありますが、「大」とか「御」とかいう敬語は中国語にもあります。ですから、これは日本語で読める、訓読していたという強力な証拠にはなりません。その下の「労」という字、この意味は病気になられたということですが、——稲岡先生はこの「労賜」は「つかれたまひし」と読むんですか。

稲岡　「いたづき」「いたはし」いろいろに読まれますね。

犬飼　先生は「つかれ」ですか。

稲岡　いや「つかれ」ではなく、「いたづき」で良いのでは、と思います。

犬飼　すみません。「労」は「病気になられた」ということですけれども、その下の「賜」という字は、本来、中国語では「目上の者から目下の者へ何かを与える」という意味でございます。ところが、ここでは「病気におなりになった」という敬語の補助動詞に

*一　「推古期遺文」とも。奈良県の中宮寺に断片が現存している。「天寿国曼荼羅繡帳銘」や、「止利仏師」の名を含む「法隆寺金堂釋迦佛光背銘」など、約十点を指す。大矢透『假名源流考及證本寫眞』（勉誠社、一九七〇年復刊）で見ることができる。

なっているわけで、日本語の用法です。こういうものも日本語として読んでいた、あるいは少なくとも漢文にはない日本語の要素をかなり取り入れていた証拠となります。

◆書き言葉の質的な変化

平川　いまご説明いただいたような、本来の漢文の語順と異なる日本語的な語順があらわれたり、中国語にない敬語表現が入ったりした漢文を、変体漢文と呼ぶということでしたね。これは、いままでの第一段階、第二段階の次として考えると、この変体漢文はどのような段階と位置づけられるでしょうか。

犬飼　漢文を日本語に翻訳して理解したり、日本のことがらを漢文で書いたりしているうちに、漢字と日本語とが結びついて、訓読ということが行われるようになったのでしょう。その訓読が定着して、文章を書く時にも思わず日本語の語順が出てしまう。しかも、仏像の光背の銘文といえば、いわば「ハレ」の文章でございますけれども、そういうものに正しい漢文とは違った語順が訂正されずに刻まれているわけです。これはそれほど長い文章ではないので、直そうとすれば直せたはずで、単なる間違いと考えるわけにはまいりません。漢字で書いてはおりますが、文そのものは日本語で発想していたということになります。変体漢文はそうした段階が文字の上にあらわれるようになった段階だと考えられます。

最古の手紙、森ノ内木簡

◆森ノ内木簡の文体

平川　同じ七世紀の後半に製作された文章となると、これは犬飼さんがかなり詳しく説明されたんですが、[*1] 七世紀末の滋賀県中主《ちゅうず》町西河原《にしがわら》森《もり》ノ《の》内《うち》遺跡の木簡がありますね。我々古代史の方はそれほどでもなかったんですが、この木簡が出た時の国語学・国文学の方々の衝撃というのは、大変な資料を得たということでかなり大きかったようですね。先ほど詳しく説明いただきましたが、これはいわゆる和文体《わぶんたい》というふうに見てよろしいわけですか、これも変体漢文ですか。

犬飼　変体漢文と申しましても純粋の漢文に近いものから日本語の語順にただ漢字を並べただけのものまで幅がございますけれども、これは非常に和文に近い方の変体漢文ということになりましょうか。ただ、基調講演でも申しあげましたとおり、[*2] 朝鮮半島的な要素も非常に色濃いという面白いものです。

平川　さきほど和田さんが説明された朝鮮半島からの人や文化の動きが、こうした木簡に端的に現れているわけですね。文書や人が大陸から直接入るということもあったでしょうが、国語学の立場からみると、このころの日本の文字文化の多くは、朝鮮を経由している可能性が高いと考えてよいのでしょうか。朝鮮半島にも変体漢文のようなものはあるのですか。

*1　→七三頁

*2　→七四頁

*3　小倉進平『朝鮮語学史』（刀江書院、一九六四年）、河野六郎「古事記に於ける漢字使用」（『河野六郎著作集3』平凡社、一九八〇年）、藤井茂利『古代日本語の表記法研究』（近代文芸社、一九九六年）

犬飼　ございます。古くは小倉進平、そして河野六郎、最近では藤井茂利といった方々のご研究[*3]によりまして、朝鮮半島の石碑に書かれた文章などに、漢文を朝鮮語風にくずした部分があることがわかっております。日本の変体漢文は、その経験をもとにして成立したといわれていて、たとえば先ほどの「賜」という字を敬語の補助動詞として使った例も、新羅の石碑にございます。[*4]

この森ノ内の木簡も、先ほども基調講演で申しましたが、文のおわりを「之」であらわし、文章のおわりを「也」であらわしておりますのは、朝鮮半島の用法の影響と申せます。

次に、この木簡の日本語的な要素を見てみましょう。二行目の上の方に「舟人率《い》而《て》」とございます。これも「舟人」という目的語が先にございまして、「率」という動詞が後になっております。しかも、「而《て》」という接続助詞が書かれております。そのままこれは日

*4　「貞元十四年」（七九八）の年号をもつ「永川菁堤碑」の銘文。「…以見令賜矣…」の「賜」は「見させなさる」の「なさる」にあたる尊敬辞 si を表記したもので、本来の漢文なら不必要な文字。（前注藤井氏著書二九頁参照）

椋□《直》□《伝》之我□《持》□《往》稲者□《馬》□《不》得故我者反来之故是汝トア

自舟人率而可行也　其稲在処者衣知評平留五十戸旦波博士家

◀変体漢文で書かれた七世紀後半の木簡。地方官衙の下級官人によって書かれ、稲の運送をめぐる内容の手紙となっている。滋賀県西河原森ノ内遺跡出土。（中主町教育委員会提供）

本語として読めるものです。

平川　かなり日常的な言語表現のまま漢字を使って日本語を書き記した、と考えてよろしいのですね。

犬飼　本当に日本語をそのまま書いたようなものです。

◆人麻呂の書いていた言葉

平川　この木簡については稲岡さんも以前に触れられていますが[*1]、いかがでしょうか。

稲岡　もう十何年前になりますが、この木簡が出た時、私は非常に感激しました。それと同時に、「やっぱり、そうだったんだ」というふうに思いました。なぜかといいますと、これは今日のシンポジウムの一番あとの方に出てくるでしょうが、[*2]「人麻呂《ひとまろ》歌集」というものがございます。先ほど犬飼さんからお話がありましたが、「てにをは」を文字化しないような[*3]略体歌《りゃくたいか》、あるいは古体歌《こたいか》と呼ばれる歌が、『万葉集』所収の「人麻呂歌集」に見えます。これが一番古い歌の書き方だ、漢詩風に書いてあるんだ、そのように私は前から考えておりました。人麻呂は、日常的な手紙なども、これに近い書き方で書いていたのではないかとひそかに想像していました。そうした折、この木簡の出土が新聞に発表され、心の中で小躍りしたと申しますか、私の思ったとおりだったと、非常に喜んだことがあります。

　この木簡は現在のところ、日本で一番古い私的な書簡文、天武朝の中ごろの手紙です。親しい仲間同士の、しかも身分の低い官吏が友達に宛てた私的な手紙、そういう内容を持

*1　稲岡耕二『人麻呂の表現世界』（岩波書店、一九九一年）

*2　→一五〇頁

*3　→一五三頁

った和文の木簡ということで、国文学の立場からいっても、彼らの普段の文字生活を知る上で、非常に貴重なものだと思っております。

これは琵琶湖の東側に住む、近江国の下級の役人が書いたもので、手紙の相手になっている「卜部」と呼ばれた同じく下級の役人も、これをすらすらと読んだでしょう。人麻呂も六位以下の下級役人だったと考えられております。もちろん人麻呂もこういう文章を読み得たはずです。そして、歌を作る時には、これに近いけれどさらに高度の工夫を加えた和文を記したでしょう。それが一番最後に出ている『万葉集』の「人麻呂歌集」の表記です。この木簡が出てきたことで、こんなふうに当時を考えることができるようになりました。非常に貴重な木簡であり、私はこの木簡にたいへん感謝しています。

平川 いま、犬飼さん、稲岡さんがお話になった森ノ内木簡や先ほどの法隆寺の資料、この段階が、恐らく日常的な言語表現のままに日本語を書き記そうと、つまり、日本語の語順のままにこれを写し取ろうと、表記しようと、必死で格闘している時期ということですね。それがいわゆる変体漢文とか和化漢文とかいわれる段階です。ところで、変体漢文はその「変体」の幅が広い、というお話がありましたが、質的にも違ってくるのでしょうか。

犬飼 はい、たとえば長屋王家木簡[*4]の場合、内容が日常的な用向きのものは日本語の語順にそって名詞や動詞に当たる漢字だけを並べたようなものが多く、出てくる人の身分が高いとか、役所と役所の間の連絡とか、公の性格が強いと、返読する文字があったり漢文に近い文体になるということがございます。木簡の価値は、『古事記』や『日本書紀』や

＊4 天武天皇の孫である長屋王邸宅跡（平城京左京三条二坊）から出土した木簡。一九八八年の調査で三万五千点が出土し、邸宅の住人が長屋王であると特定された。

『万葉集』と比較する生《なま》の資料が出てきたところにございますけれども、こうした、書かれている内容と書く時の文体との関係を見てまいりますことで、当時のコミュニケーションがどのように行われていたか、その様子を知るためにも役に立つのではないかと思っております。

平川　過渡的な段階だけに、いろいろなケースがありうるわけですね。今後木簡資料はさらに増えていくでしょうから、これがどういうふうに今後発展していくかが注目されます。森ノ内遺跡と同じような書簡文の木簡というのはいまのところはないですが、そうした日常的な文字生活が垣間見える資料も期待したいですね。

古代人の苦労を語る字書木簡

◆字書木簡の出現

平川　さて、先に申しあげたように、漢文をそのまま中国語として読んでいる段階を第一段階、固有名詞などを日本語音と近い漢字音を借りて表わした段階を第二段階とすると、その次の、中国語漢文の表記から日本語表記への過渡的な段階、第三段階まで来ているわけです。現在は、木簡をはじめ、この第三段階に相当するような時期のさまざまな資料が出てきております。

非常に目を引くのは、この七世紀ごろの人々が、いかに漢字と日本語を結びつけようとしていたか、という痕跡が、あちこちで見られることです。漢字を日本語に当てていくために、日本語での「読み」、つまり「意味」を、必死に求めていたんじゃないか。
七世紀後半から八世紀の初めごろとされる時期に、字書、つまり漢和字典のような木簡が目立ってきます。これは、日本列島の中で必死に漢字を習得し、日本語をどういうふうに表記していくか苦闘していた、いい証拠だということで、先ほど犬飼さんにいくつか紹介していただきました。その一つが八世紀の初めごろとされる奈良の飛鳥池遺跡の木簡、それから、もう一つが北大津遺跡の木簡です。

◆飛鳥池遺跡の字書木簡をめぐって

平川　飛鳥池遺跡の木簡はいま大変注目されておりますが、この飛鳥池遺跡そのものの性格は水野さん、どうなんでしょうか。

水野　飛鳥寺[*1]の東側の丘陵のさらに東裾にあります飛鳥池遺跡はいま、非常に大きな問題になっています。奈良国立文化財研究所が中心となり、飛鳥村教育委員会と協力し一生懸命発掘しておられます。この敷地には発掘終了後、県立の「万葉ミュージアム」が建つことになっています。発掘してみますと、飛鳥寺東南院の瓦を焼いた窯跡がみつかりました。東南院は三蔵玄奘《げんじょう》法師の傍らにあって学んだ道昭《どうしょう》が帰国後与えられた坊院ですから、話題になりました。つぎに、ガラスの玉の鋳型がたくさん出てくるので、ガラス細工の場――アトリエであったことがわかります。貴人が佩用《はいよう》したり、奉納する仏像などの荘飾、荘厳に用いる玉などを作るためのアトリエですね。さらに最近では、無文銀銭[*2]をわざわざ切り加工して再度溶かし直す、という銀の細工工房でもあることも判ってきました。

*1　崇峻元年（五八八）、蘇我大臣馬子が飛鳥真神原に建立し始めた氏寺で、わが国最初の寺院。元興寺・法興寺が正式名称だが、地名に基づき飛鳥寺と称された。推古十七年（六〇九）四月に鳥（止利）仏師作の丈六釈迦像が完成しているので、このころ伽藍が整ったと推測される。

*2　和同開珎以前にあった、文字のない銀銭。

このほかにも鋳銭にかかわるまだまだ大切なデータがいま用意されつつあります。[*1]常に注目しておかねばならない遺跡です。製作技術者集団――細工所がそこでいろいろな事業をしているのです。当時すでに飛鳥寺はできていますし、飛鳥古京[*2]もあります。これらの細工所が飛鳥寺に管理されているのか、朝廷の官に管理されているのか、よくわかっておりません。私は、むしろ藤原京[*3]に供給する文物ではないかと見守っています。この遺跡でいま一つ大切な文物があります。数多い木簡の発見がそれです。この木簡については和田さんからお話をいただく方がいいのでは……。

和田　まず遺跡の概略ですが、ちょうど飛鳥寺の東南にあたるところに狭い谷筋があり、発掘調査の結果、丘陵が最も狭まっている所で、柵列《さくれつ》（塀）が検出されました。その柵列を境に、南側には工房群、銅とか鉄などを鋳造した工房群が集中しています。

柵列の北側の遺構はむしろ飛鳥寺に深く関わっているようです。この区域に接して、有名な道昭和尚が住んだ、飛鳥寺の東南禅院がありました。柵列北側から、僧侶の名前が書かれた木簡が出土しています。ひとくちに飛鳥池遺跡といいますけれども、南側は工房群、北側は飛鳥寺に深くかかわる区域、というわけです。そして木簡そのものは北側地域から七千点近くも出土しておりまして、先ほど紹介がありました「天皇」と書いた木簡[*4]や音義《おんぎ》木簡[*5]をはじめ、天武朝から奈良時代に入った七二〇年ごろまでのものが集中して出土しています。奈良国立文化財研究所で釈読《しゃくどく》を始められたばかりなのですが、今後、木簡の洗浄が進みますと、まだまだ我々をあっと驚かすような木簡が出てくるだろうと思われます。

平川　どうもありがとうございました。

＊1　その後、日本最古の鋳造銅貨と考えられる富本銭の鋳造工房が発見された。

＊2　飛鳥京。六世紀末〜七世紀末、奈良盆地南部の飛鳥地方にいくつも営まれた宮を総称していう。

＊3　日本初の本格的な都城。六九四年に持統天皇が遷都してから、七一〇年に都が平城京へ移るまで使用された。現在の奈良県橿原市とその周辺。

＊4　→六〇頁

＊5　→六七頁

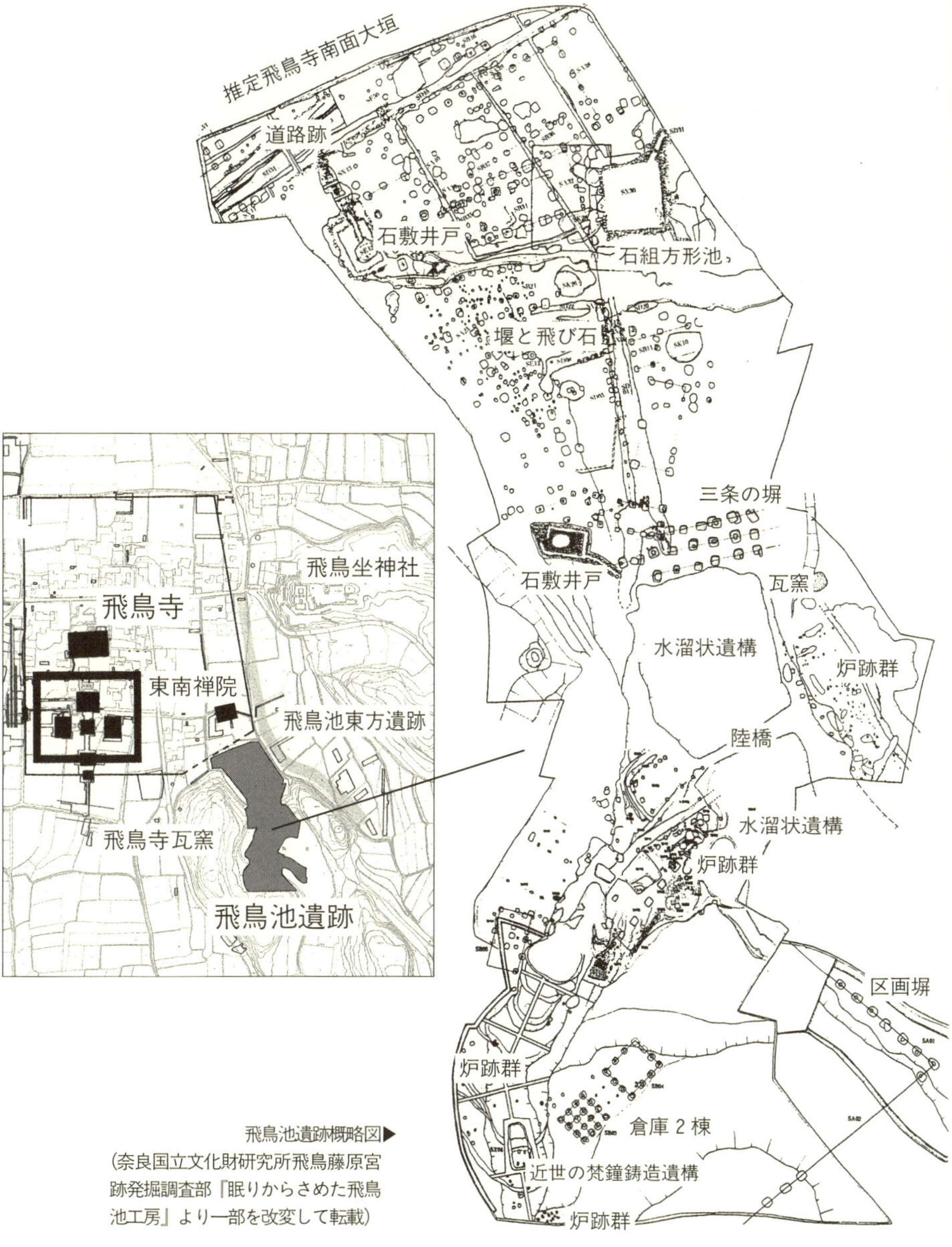

飛鳥池遺跡概略図▶
（奈良国立文化財研究所飛鳥藤原宮跡発掘調査部『眠りからさめた飛鳥池工房』より一部を改変して転載）

この飛鳥池の音義木簡、あるいは字書木簡といわれる木簡については、皆さんも最近、新聞各全国紙の一面トップで報道されたんで、[*1]多分、ご記憶はあるかと思います。カラーで木簡が取りあげられたのも珍しいんですが――。

この木簡の一番最初の文字は動物の「熊」という字なんですが、それに対して読みが下に小さく二文字書かれていまして、恐らく右から左に読むんだと思うんですが、最初の字は「汙《ウ》」という字ですね。この「汙」の字は、後に紹介する法隆寺金堂の四天王像光背銘の一字目にも出てきますが、そちらも七世紀半ばの大変古い資料です。かつては「片《カタ》」というふうに読んでいましたが、東野治之《とうのはるゆき》さん（現・奈良大学）が、これは「汙《ウ》」と読んだ方がいいのではないかといった字[*2]です。次は「吾」という字で「グ」、つまり、「熊」は「汙吾《ウグ》」と読む、この読みについてはいかがでしょうか。七世紀から八世紀にかけて、「熊」の音読みは「ユウ」ですね。『日本書紀』に「熊津《ユウシン》」という地名がありますが、これは「くまなり」とも読ませていて、訓読みでいえば「くま」でしょう。これを音読みでは「ung」という感じで「ウグ」というふうに読むとすると、むしろ古韓音[*3]というか、朝鮮半島の読みになってしまうと理解していいんでしょうか。犬飼さん、その辺りをちょっと解説していただけませんか。

犬飼　そういうことも考えられますが、むしろいかにも日本風の読み、とみることもできます。「熊《ユウ》」という字の音は「英雄」の「雄《ユウ》」と同じですから、音の初めの部分は仮名で書けば「イ」か「ウ」にあたるものでした。おわりの部分は「ŋ」ですけれども、こういう子音でおわる漢字の音が日本に入ってまいりますと、日本語は発音が必ず母音でおわ

*1　一九九八年九月十七日付中国新聞、一九九八年十月三十日付朝日新聞。

*2　東野治之「法隆寺金堂四天王光背銘の〝片文皮臣〟」（『MUSEUM』三八八号、一九八三年七月）

*3　→七一頁、一四六頁

りますので、漢字の音の後に母音を付け加えて受け止めました。「ŋ」でしたらウを付けて「グ（ŋu）」になります。例えば「かぐやま」を「香山」[*4]と書いた例が『万葉集』にございますね。あれは「香」の字の終わりの「ŋ」のあとにウを付け加えて一字で「カグ（kaŋu）」と読ませるわけです。この「熊」の場合、その「グ」を表わしているのが「吾」ということでよろしいかと。

その次の「恋」という字もnでおわる音（ren）の後にイ（i）を付け加えて「累尔（reni）」で受け止めておりますね。

平川　この「恋」という字ですが、会場からのご質問の中にも、これは「レニ」ではないかと読みを的確に指摘された方がいらっしゃいました。私もこれは多分「レニ」でいいと思います。

＊4　藤原京左京六条三坊跡出土土器にも「香山」と墨書した例があり、「かぐやま」の表記とされている（奈良国立文化財研究所『飛鳥藤原宮跡発掘調査概報十七』一九八七年）。

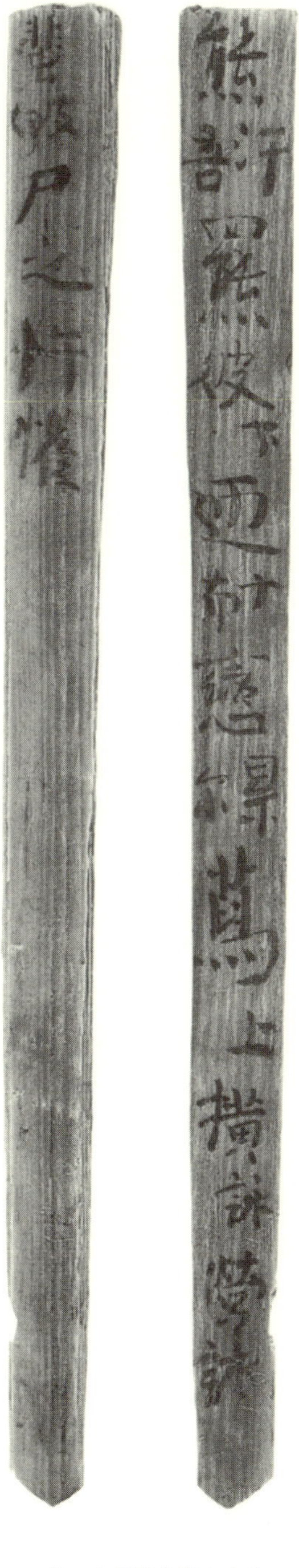

熊 吾汗 羆 彼 下 迊 布ナ 戀 尔□（累） 蔦 上 横 詠 営詠

蜚 伊皮 尸之忤懼

◀奈良県飛鳥池遺跡出土の木簡。八世紀初めのもの。漢字の下にその音読みが万葉仮名で書かれている。（奈良国立文化財研究所提供）

ところで、この木簡は表《おもて》面より裏面に書かれた文字の方が問題なんです。この木簡については徳島文理大学の小林芳規《よしのり》先生が新聞コメントを書かれていました。本当は先生に直接お聞きできればよいのですが、ここで少し議論をいたしましょう。

これは「非」に「虫」と書いて「蜚」、その下に読みが書かれていて「皮」「伊」とあります。それを小林さんは「皮《ヒ》」に「伊《イ》」を送っている、つまり、第一音節を伸ばしているんだとおっしゃっています。いまも関西で目のことを「メイ」と発音しますが、これと同じだと。これは、関西人の水野さんに聞いた方がいいんですが――。

水野 「メイ」ではなくて「メエ」です。「あんたのメエはきれいやな」と（会場・笑）。――木なら「キ」という場合と「キイ」と発音する場合がありますね。「蜚」の場合、関西なら「ヒ」でもいいですが、「ヒイ」とも発音します。第一音節を伸ばすわけです。

平川 本場の関西のアクセントは私には容易にできないんですが――。目を「メエ」と発音する、つまり、いまの関西の言葉と合致するからこれは非常に面白い、ということでしたが、実は私も国語学や国文学の方々の刺激を受けまして、漢字の音を使った資料については特に注意深く見ております。そんな中で、そうは読めないんじゃないかという材料になる資料に、いくつかぶつかりました。

たとえば先ほどの法隆寺金堂の四天王像光背銘、これは図をひっくりかえして見ないとわかりませんが、「皮」という字が出てきます。東野さんは、これを「汙《ウ》久《ク》皮臣《ハノおみ》」ではないかとおっしゃっています。*1 かなり以前の研究ですから、他に資料がなかったこともあって断定はされていませんが、*2『百済本記《くだらほんぎ》』に出てくる「的」と書いて「うこは」とか「う

*1 一四〇頁脚注2の文献参照

*2 百済三書のひとつで、六世紀中ごろを中心とした記録。『日本書紀』には分注を中心に多く引用されている。

*3 印旛沼東岸（現・千葉県栄町）所在の古代寺院。七世紀後半創建とされ、白鳳仏として有名な銅造薬師如来坐像をもつ。この寺の創建瓦を焼いた窯跡として龍角寺瓦窯跡と五斗蒔瓦窯［ごとまきがよう］跡が調査されている。

くは」と読ませる氏《うじ》名、その「的臣《うくはのおみ》」であろう、というわけです。そうすると、「汗久皮臣《ウクハのおみ》」の「皮」は、「ハ」と読んでいたということになります。

それから、千葉県に*3龍角《りゅうかく》寺という白鳳《はくほう》寺院がありまして、そこの創建の瓦を焼いた窯から、文字を書いた瓦が四百点以上も出ています。これは瓦が生乾《なまがわ》きの時に書かれているので、たぶん瓦を作った人でないと書くチャンスがないというものです。その文字には地名がいくつか含まれていて、その中のひとつに「皮止阝」と書かれたものがあります。この付

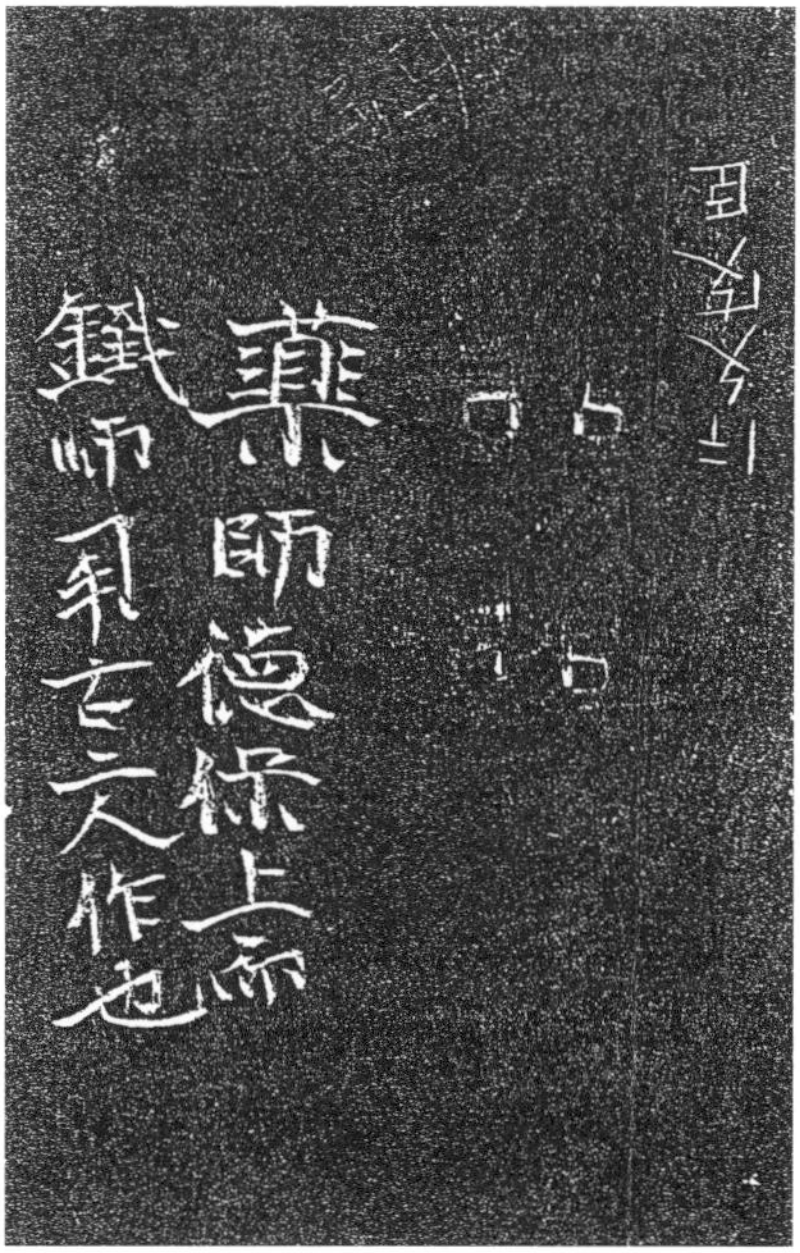

▲法隆寺金堂四天王像（多聞天）の光背銘。図版右上、天地逆に、「汗久皮臣」の文字が見える。七世紀半ばのもの。（法隆寺蔵）

▲千葉県栄町五斗蒔［ごとまき］瓦窯跡出土の瓦。平瓦に文字がヘラ書きされている。①「皮止阝」②「服止」③「皮尓負」とある。七世紀後半のもの。（栄町教育委員会提供）

近にはいまでも「羽鳥《はとり》」という地名があるのですが、「服部《はとり》」という氏族名を書く場合に、やはり「皮止卩《ハトリ》」と「皮」の字を使っているんです。さらに、ここは古代、下総《しもうさ》国の埴《は》生《にゅう》郡という郡だったのですが、この古い表記として、「皮尓負《ハニフ》」というふうに音で表記したものがあります。これらはいずれも「皮」を「ハ」としか読んでいないんです。七世紀の*1『日本霊異記《にほんりょういき》』の読みの中にも、この「皮」＝「ハ」という読みしか出てきません。ですから、恐らく七世紀から八世紀にかけての資料でみる限りは、「ハ」なのではないか。それから稲荷山鉄剣の銘文、これも「扌《てへん》」が付いておりますが、「多加披次獲居《タカハシワケ》」あるいは「加差披余《カサハヨ》」と「ハ」で読んだ方がいいと考えているんですが、いかかでしょう。こういった資料からみると、この飛鳥池の木簡の「皮」という字、いまは普通「ヒ」と読みますが、これを古くは「ハ」と読んでいたのではないでしょうか。

そう考えていくと、「皮伊」は「ハイ」、そして次の「之」という字を「シ」と読みますと「ハイシ」となります。

水野　そうですね、「皮止卩」の「皮」は本来「波」と書くべきところを略して「皮」字をあてているのであって、「ハ」と読んでいいでしょう。ただ、「加差披余」の「披」は「披露宴」の「披」と同じで「ヒ」と読み、「タカヒシワケ」「カサヒヨ」でよいと思いますが……。

平川　その可能性もありますね。ところで、この木簡に登場する「蜚尸《ハイシ》」というのは、鬼ということでしたが、どういう鬼でしたか。

水野　普通は「尸」を書いて、この上に「三」を付けたら「三尸《さんし》」といいまして、体の

*1　古代の仏教説話集。薬師寺僧景戒の撰述による。正式名は『日本国現報善悪霊異記』。

中にいて庚申《こうしん》の日、人の犯した罪過を天帝に報じ寿命を縮めるという恐ろしい鬼です。根拠のないうわさ、デマを指して「流言蜚語《りゅうげんひご》」という言葉もありますから、「三尸」ほどこわい鬼ではなく、「よこしまな鬼」ぐらいの意でしょうか。

平川　通常はこの字（蚩尸）は「ヒシ」ですので、小林先生のようにこれを「ヒイシ」と伸ばしたものと考えるか、あるいは「ハイ」という中国の音もありますので、「ハイシ」と読ませると考えるか……。犬飼先生はいかがですか。

犬飼　この時代で、もし「ヒィ」と伸ばすんだとしますと、長音を文字で表記していることになるので、国語学の方からいうとこれは具合が悪いのです。長音は古代の日本語にはなかった音韻なので、実際に伸ばして発音することはあったようですが、文字できちんと書くというのはかなり時代が下がります。奈良時代の末に書かれた『新訳華厳経音義私記《しんやくけごんきょうおんぎしき》』という本がございまして、そこに「蚊加安」とあるのが「カ」の長音かともいわれておりますが、やはり、「ハイシ」の方がよろしいのではないでしょうか。

古韓音の影響

◆木簡に見る古韓音の実例

平川　こういう字書のような資料は、先ほどの講演でもありましたように、北大津《きたおおつ》遺跡出土の木簡などいくつか面白い資料があります。古韓音については講演で犬飼さんが説明されましたが、[*2] ご質問がいくつか来ておりますので、すこし詳しく取りあげましょう。

*2　↓五二頁、七一頁

北大津遺跡出土木簡の「阿《ア》佐《ザ》ム《ム》加《カ》ム《ム》移《ヤ》母《モ》」の「移」は古韓音で「ヤ」と読むということですが、あるいは先ほどの稲荷山鉄剣の「乎《ヲ》獲《ワ》居《ケ》」の「居《ケ》」も、古韓音と見ていいということですね。

犬飼　いいえ、「乎獲居」の「居」ではなくて、「獲《ワ》加《カ》多《タ》支《ケ》鹵《ル》」の「支《ケ》」です。鉄剣の裏の二行目の上のあたりでしょうか。これを「キ」とか「ケ」とか読むのが古韓音です。

平川　「意《オ》富《ホ》比《ヒ》垝《コ》」の「垝《コ》」はどうですか。

犬飼　「意富比垝」の「垝《コ》」は「ク」とも読めますので、古韓音ではないと思います。「カ」と読んで「オオヒカ」という名でしたら古韓音ですけれども。

和田　「獲加多支鹵」の「支」を「ケ」と読むのは、『日本書紀』の欽明紀に出てきますね。

犬飼　朝鮮半島の資料を引用したといわれているところにこの字が出てくるわけです。先ほど基調講演でも申しましたが、古韓音は、中国の二、三世紀の古い漢字の音が朝鮮半島で保存されておりまして、時間がたってから日本に伝わったものでございます。

この「支」という字ですが、「イ《にんべん》」を付けますと「伎《ギ》」になります。ですから、古代の中国には「キ」にあたるような発音があったということになります。後に子音の部分がkからsに変化して、私たちになじみの呉音や漢音では「シ」の音になっております。念の

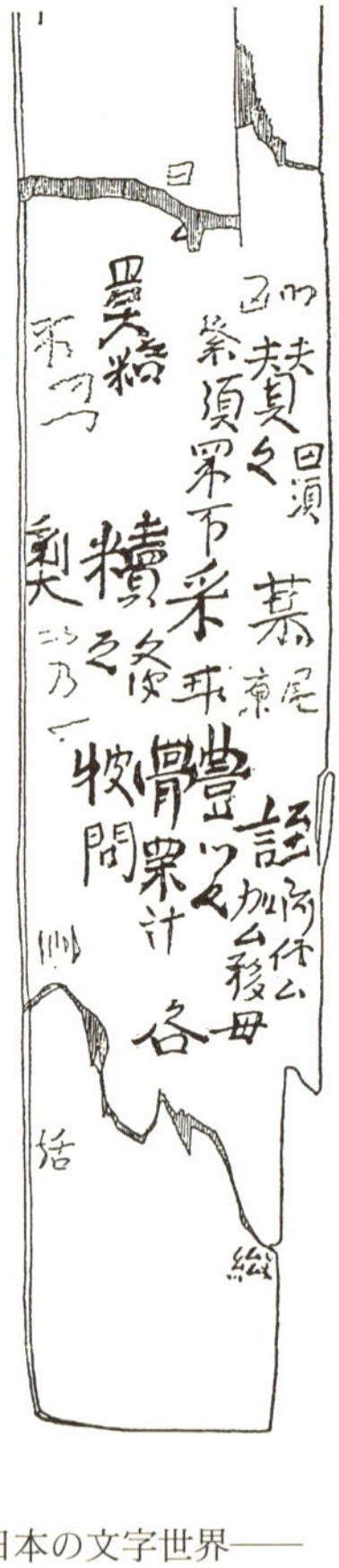

▶滋賀県北大津遺跡出土の木簡。七世紀後半のもの。右下に「誈」の訓読みとして、「阿佐ム加ム移母」とある。（滋賀県教育委員会蔵、『滋賀大国文』第十六号より）

ために申しますが、「支」の母音の部分はjeで、日本語ならイにもエにもあたるような音でしたから、この字の読みは「キ」とも「ケ」ともいえます。
　ほかに古漢音にあたりますのは、例えば「里」を書いて「ロ」と読ませるとか[*1]、「宜」を書いて「ガ」、これは「蘇宜《ソガ》」という人の名前に出てきます[*2]。それから、稲荷山鉄剣の場合も、「意富比垝」の「オ」というのが、「意」を書いて「オ」でございます。大体このように、後にイに近いような母音になる字が、この当時はアとかオの母音で読まれている、古韓音はそんなものです。先ほどの「皮」を「ハ」と読むのも、これでよろしいでしょう。

*1　『万葉集』巻二十、下総国防人歌。
*2　→七一頁

さまざまな文体の成立――記・紀・万葉・宣命――

◆新しい表記様式

平川　さて、こうして七・八世紀の字書木簡や手紙木簡を見ていくと、この時期のあらゆるものが、漢字でいかに日本語を写すかという営みのなかの工夫を物語っています。
　この、日本語を漢字で表わす必要性というのは、混み入った内容を表わしたくなるとさらに進みます。行政的・事務的なことであれば、漢文・中国語で十分に表現が可能ですから漢文をそのまま使うことが多かったでしょう。しかし、しょせん漢文は外国語です。時間の前後関係とか、人と人の関係とか、日常的なこと、あるいは混み入ったこと、心情をぴったりと表わすのには、どうしても漢文という中国の文体では無理があったことでしょう。日本人の漢字に対する知識が増えるに従い、日本語を漢字で書こうという欲求が生まれ、メモのような簡単なものから、次第に手紙や和歌などの分野に文字の世界が広がっていった。先ほどの手紙の木簡などは、そのあたりの事情をよく表わしている資料として、各分野から注目されたのだと思います。

さて、物語や和歌の世界ではさらに一歩進めて、先ほど犬飼さんがおっしゃったように助詞や助動詞表記がさらに綿密になって、より日本語に近い、非常に新しい表記様式が生まれてきます。これが、恐らく第四段階といえるでしょう。この第四段階に早くから注目されて、人麻呂の時代、いわゆる天武・持統朝[*1]がその第四段階に当たると指摘された[*2]のが、今日ご出席の稲岡さんなので、稲岡さんから少し略体のことも含めて、ご説明いただきたいと思います。

◆史料としての『万葉集』

稲岡　最初に前置きしておきますと、いままでお話に出てきた資料は木簡で、写真でお示ししてあるように、当時のものがそのまま出てきた、そういうたぐいのものでございます。ところが、国文学の場において、私が主に扱っております『万葉集』は、そうしたものではございません。『万葉集』の写本はいくつかございますが、たとえば先ほど犬飼さんが非常に古い写本である、とご紹介[*3]くださった「元暦本《げんりゃくぼん》」ですが、古いといいましても平安朝の写本であります。もうひとつの「西本願寺本」は、鎌倉時代の写本であります。皆さんがごらんになる『万葉集』には、たいてい底本として、この西本願寺本を用い

＊1　壬申の乱後の天武・持統朝には、天武天皇を中心に、鸕野［うの］皇后（後の持統天皇）や草壁皇子・大津皇子・高市皇子らの有力な皇子たちにより、強力な皇親政治が行われ、本格的な律令国家体制の整備が進められた。また、天武・持統朝から文武朝にかけての時期は、白鳳文化が頂点に達したことでも注目される。

＊2　稲岡耕二『萬葉表記論』（塙書房、一九七六年）、『人麻呂の表現世界』（岩波書店、一九九一年）

＊3　→八二頁

たということが書いてあります。これは二十巻そろっている最古のものですから、これを基本にして、他のもっと古い写本とどこが違っているか、校訂をしていくのが普通であります。

こういったわけで、現在のところ、平安朝以降のものしか『万葉集』の写本はございません。いままで出てきました木簡、あるいは金石文と違いまして、飛鳥奈良時代当時のものではなく、後世の写本の資料を持ち出して皆さん方にお示ししているわけです。

これは[4]人麻呂なら人麻呂、あるいは巻五ですと[5]山上憶良《やまのうえのおくら》、[6]大伴旅人《おおとものたびと》が書いたものといえるのか、作ったのは確かだとしても、彼ら自身が書いた表記そのままだといえるのか、それが問題なのです。私はそれを確かめたいと思いまして、『万葉集』巻五、あるいは[7]「人麻呂歌集」の、[8]本文研究といいますか、本文批判といいますか、そういうことを始めました。詳しく話すとややこしいお話になりますので省略いたしますが、シンポジウムの帰り道に、「稲岡の持ち出したのは平安朝の資料じゃないか」などと電車の中でお考えになる方がおられるかもしれないから、ただひとこと念のため申しあげておきます。『万葉集』のすべての部分に関して、これは誰が書いた、たとえば[9]山部赤人《やまべのあかひと》の歌は赤人が書いた、あるいは[10]笠金村《かさのかなむら》の歌は金村が書いた、そういう証明はなかなかできないのが普通です。ただし、『万葉集』巻五というまとまった特殊な特徴を持った巻がございます。あるいは「人麻呂歌集」、これには非常にたくさん歌を含みますが、ある特徴を持っております。その特徴をみますと、今日ほかに示された木簡と同じように、この「人麻呂歌集」の文字面は、天武朝から持統朝にかけて人麻呂が書いたものである、そう考えて議論を進め

＊4　→一五〇頁

＊5　六六〇～七三三頃。奈良時代前期の官人・歌人。

＊6　六六五～七三一。奈良時代前期の公卿・歌人。

＊7　→一五〇頁

＊8　古典の数種の異本を比較研究して、原典にもっとも近い最良の本文を得ようとすること。

＊9　生没年未詳。奈良時代の歌人。

＊10　生没年未詳。奈良時代の歌人。

ていっても構わないと申しあげられると思います。

◆「人麻呂歌集」の表記法

平川　今お話に出てきている「人麻呂歌集」、これは『万葉集』全体の中でどういった位置付けになるのでしょう。

稲岡　『万葉集』編纂の資料の一つで、文字どおり我が国最古の歌集です。「人麻呂歌集」とは略称で、「柿本朝臣人麻呂之歌集《かきもとのあそんひとまろのかしゅう》」の形で多く左注《さちゅう》[*1]に見えます。歌数は短歌・旋頭歌《せどうか》・長歌（二首）、あわせて三六〇首あまりといってよいでしょう。そのうち二一〇首が古体歌《こたいか》（略体歌《りゃくたいか》）、残りが新体歌《しんたいか》（非略体歌《ひりゃくたいか》）です。古体歌は天武朝の前半、新体歌はその後半から持統朝にかけて人麻呂によって作られ、まとめられたものと考えられます。柿本氏は和珥《わに》[*2]氏と同族です。人麻呂自身の経歴・身分は不明ですが、天智朝後半から天武朝にかけて出仕、天武九年（六八〇）には三十歳を越えていたであろうと思われます。

平川　『万葉集』については二つ資料があげてありますね。それぞれ特徴はどういったことになりますか。

稲岡　まず、西本願寺本の巻十一を示しました。鎌倉時代後期に仙覚[*3]が校訂した形を伝えています。その部分を抜きましたのは、巻十一の最初の方に「人麻呂歌集」がたくさん出ているからです。まず、「正述心緒」とあります。「正《ただ》ニ心緒《しんちょ》（思い）ヲ述ベル」歌だと。これは「比喩などは使っていない、率直に自分の思いを述べた歌である」、ということです。

*1　『万葉集』の歌の本文の左側に漢文体で記された注。主として所出歌集名、作者、制作時期、成立事情などを記したものが多い。

*2　大和国添上郡（現在の天理市和爾［わに］）一帯を本拠地としたと推される古代の有力氏族。応神～敏達期、九人の后妃が出て五～六世紀に隆盛をほこった。

*3　一二〇三～没年未詳。万葉学者、天台宗僧。

最初の歌は、

垂乳根乃《たらちねの》　母之手放《ははがてはなれ》　如是許《かくばかり》　無二為便一《すべなき》事者《ことは》　未為國《いまだせなくに》　（巻十一、二三六八）

（たらちねの）お母さんの手をはなれ、ひとりでこんなにもやるせない思いをまだしたことがありません。

という歌です。図で見ますと右側にカタカナが書かれておりますが、これは中世の仙覚が付けた訓で、歌が作られた当初にはもちろんついていなかったものです。

　注目していただきたい点はいくつかありますが、頭から見ていきましょう。まず、「垂乳根乃母之手放《たらちねのははがてはなれ》」の「乃《の》」「之《が》」、みんな助詞が書いてあります。それから、「如是《かく》許《ばかり》」、程度を表わす言葉も「許」という字で書いてあります。それから、次の「無為便《すべなき》」の「無」が漢文式にひっくり返っておりますが、『万葉集』の中では漢文と同じように、「無――」という顚倒した書き方もずっと後代まで使われておりますから、これは特殊だということにはなりません。「事者《ことは》」、「者《は》」については、さっき犬飼さんから説明がございました。「未為國《いまだせなくに》」。こう見てまいりますと、

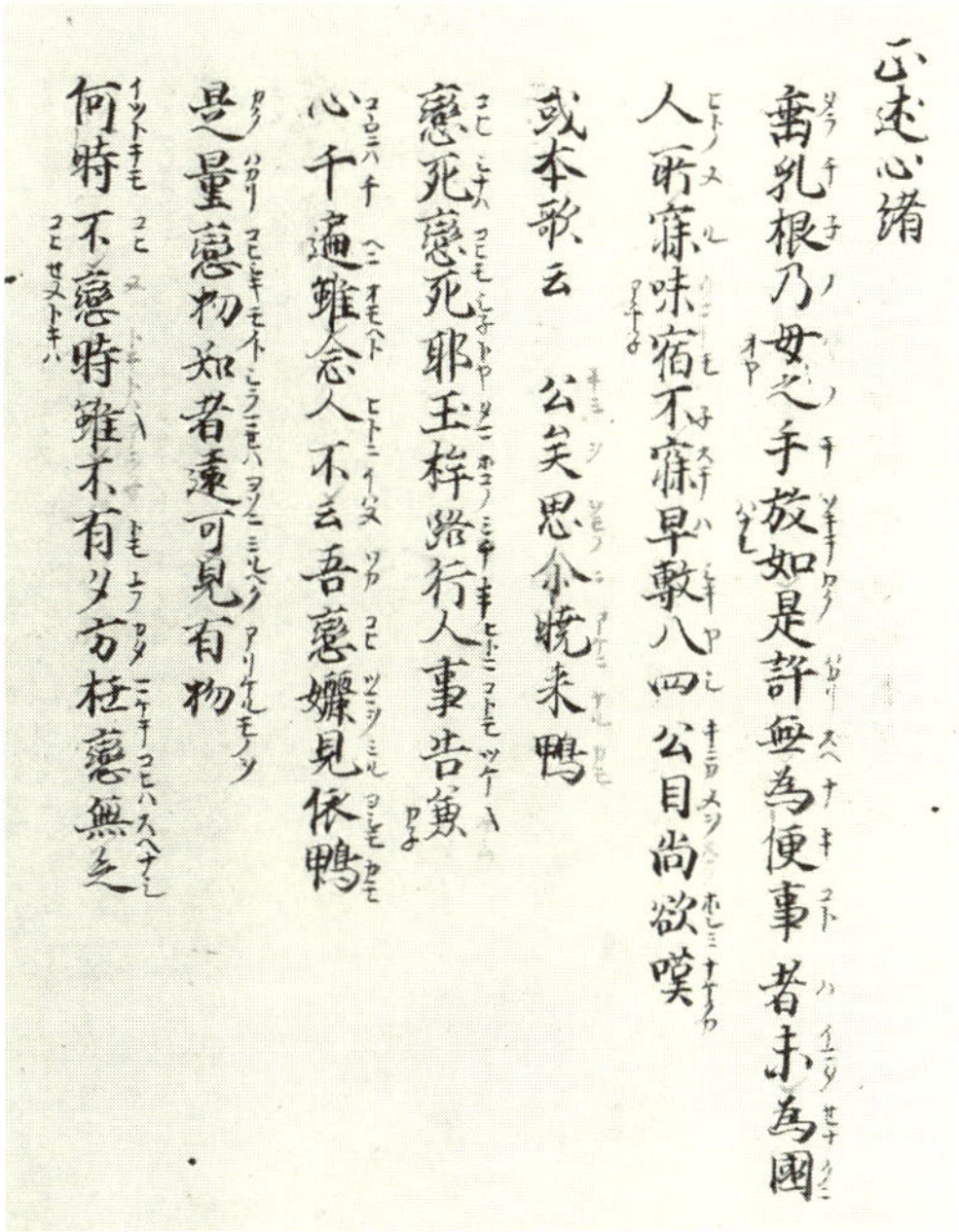
正述心緒
垂乳根乃母之手放如是許無為便事者未為國
人所寐味宿不寐早敷八四公目尚欲嘆
或本歌云　公矣思尓晩来鴨
戀死戀死耶玉桙路行人事告兼
心千遍雖念人不云吾戀孋見依鴨
是量戀物知者遠可見有物
何時不戀時雖不有夕方枉戀無乏

◀西本願寺本『万葉集』巻十一（複製）より、「人麻呂歌集」の「正述心緒」部分。最初の二三六八歌のみ新体歌で、テニヲハに当たる文字が見える。

すべての助詞や助動詞が書いてあると考えられます。

ですから、その読み方を会得されますと、これは非常に読みやすいものです。「垂乳根《たらちね》の　母が手放れ　かくばかり　為便《すべ》無き事は　未だ為《せ》なくに」。まだお母さんの養育の手を離れたか離れないかわからないような初々しい乙女が初恋をして悩んでいる。そういう乙女の嘆きが一読してすっと伝わってくるような歌だと、いろいろな人がこの歌をほめています。

もうお亡くなりになりましたが、現代詩人の村野四郎さんが、いまから二十何年も昔になりますが、批評の言葉を書いています。[*1]「人麻呂歌集」の中には女性の気持ちをうたった歌が入っておりますので、そのころはまだ、「これは女の歌だから、人麻呂自身が作ったものじゃない」という意見も非常に強かったのですが、村野四郎さんは、「これは人麻呂が作ったものだ、女性の歌だけれども、人麻呂さん、やったな」と書かれています。「人麻呂ぐらいの達人になると、誰の身の上になってでもこのくらいの歌は造作なく作れるんだ」という現代詩人の直感ですが、これは間違いなくそうだろうと思います。

そして、これには「てにをは」が書いてございますから、一言一言、音の端々を明瞭にすることによって、乙女の感情、そのやるせない気持ちを間違いなくすっと伝えてくるわけです。

先ほど、天武朝の私的な書簡文の木簡が出た時に、私は大喜びをしたと申しましたけれども、あれには散文的な事柄が書いてあるだけで、細かい読み方はわかりません。けれども、この歌のように書いてありますと、日本語の隅々まで明確になって、それを味わって

*1『別冊文芸春秋』一九六三年五月号

いきますと、詩人の村野さんをして感激せしめたような歌の情動的な要素まで伝わってくるわけです。

その左に並んでおります歌、

人所寐味宿不寐早敷八四公目尚欲嘆　（巻十一、二三六九）

これには、「てにをは」に当たるものがほとんど書いてありません。現在、私たちが読んでいる訓にしたがって「てにをは」を補いますと、

人ノ所《ぬ》レ寐《る》　味宿《うまい》ハ不《ね》レ寐《ず》テ　早敷八四《はしきやし》　公《きみ》ガ目尚《めすら》ヲ　欲《ほ》リテ嘆クモ

人並みに共寝することもなしに、いとしいあの方を見るだけでもと願って嘆くことです。

となります。天武朝の人麻呂によって、日本で初めて漢字を用いて歌を作った時にはこういう形で書かれたものだろうと考えられます。

「人麻呂歌集」には、大きく分けて、このように二種類の表記が見られますが、普通は後者を「てにをは」がないという意味で「略体歌」、そして「てにをは」があるものを「非略体歌」といっています。私自身はそれに対して、古体歌・新体歌という名称を与えました。

平川　そうしますと、非略体歌すなわち新体歌の方が、より新しい表記法によるものになるわけですね。

稲岡　簡単にいいますとそうです。先ほどの「垂乳根乃……」の歌のように、「てにをは」が入った表記が後から現れます。庚辰年（天武九年〔六八〇〕）に作られたと注のある新体の七夕[*1]歌が巻十の人麻呂歌集歌にみられますから、そのころ書き方が変わったと考えるのです。

◆文学の変化と表記の変化

平川　ありがとうございました。続いて稲岡さんにお尋ねしますが、そもそも和歌は、口承という文字以前のところですでに成立していたジャンルですね。それを漢字で書くようになる、というのは、和歌の世界では大きなできごとだったのではないでしょうか。

稲岡　そうですね。歌謡を書きとめる、という発想は、そもそもはなかったものです。大田善麿さんもおっしゃっているように、[*2]「文字への契機」は歌謡自身からは生まれない、つまり、歌謡そのものから文字で記そうという要求は出てこないのです。時代を遡って、「人麻呂歌集」の前に何があるかと申しますと、天智天皇[*3]の時代、近江の大津宮《おおつのみや》では、しきりに漢詩、漢文が作られました。そういう漢詩を作る時や、あるいは漢文を読む時に必要であったのが、先ほどの字書木簡です。大津宮では、私たちの先祖が一生懸命、中国大陸の漢詩に倣って自分たちの漢詩を作りました。漢字を使うことを一生懸命学んだわけです。そういう、漢詩を実際に作ることを通して、文学というものを、文字を使った文学と

*1　「人麻呂歌集」七夕歌の最後の一首（二〇三三）の左に「此の歌一首は庚申の年之を作れり」とある。

*2　大田善麿『古代日本文学思潮論』（桜楓社、一九六三年）

*3　六二六〜六七一（在位六六六〜六七一）。舒明天皇と皇極（斉明）天皇との間に生まれ、葛城皇子・中大兄〔なかのおおえの〕皇子と称された。皇極四年（六四五）中臣鎌足らと蘇我入鹿を暗殺（乙巳の変）。その後皇太子として律令国家体制の確立に尽力。天智七年正月に正式即位。

いうものを近江朝[*4]に生きた我々の先祖は体得していったんだと思います。

平川　それは非常に重要なご指摘ですね。つまり、口承・歌謡の世界から文字で記そうという要求が出たのではなく、中国の漢文や漢詩を学ぶことを通じて文字の文学を学んでいった。同時に、漢字の知識も増えたでしょうし、記録することの便利さ、重要性も強く感じられるようになって、自分たちの言葉を書き記そうという欲求も、このころ強くなっていったのでしょう。

水野　実は天智天皇の近江の大津宮の地は志賀郡なのですが、この志賀郡に住む人々を調べますと、北から三津首《みつのおびと》、穴太村主《あのうのすぐり》、志賀漢人《しがのあやひと》、大友《おおともの》村主、錦織《にしごりの》村主というようにすぐれた渡来系の人々の集落が密集しています。六世紀代の古墳も「正方形穹窿頂持《きゅうりゅうちょうもち》[*5]送《おく》り石室」という特色あるものですし、韓竈《からかまど》[*6]を副葬するという特別な慣行を生みだしています。七世紀代、漢人たちの創立した大津市内の三津廃寺・穴太《あのう》廃寺・南志賀町《みなみしがちょう》廃寺・錦織《にしごり》廃寺・三井《みい》寺といった寺院も、瓦からみると日本の他の寺とは大きく異なる独自[*7]性を発揮しています。大津京はそうした漢風ゆたかな雰囲気の中で営まれていることも、近江大津宮の官人と漢詩・漢文の関係をうかがう上で役立っていると思います。

平川　ここでも渡来系の人々の役割は見逃せませんね。

ところで七世紀から八世紀の木簡を見ると、字書のほかに『論語』の一部を書いたもの[*8]、手習いをしたもの[*9]なども見つかっています。しかも、都だけでなく地方からも出土しています。当時の日本列島の人々が、文字を書くことに対していかに一生懸命だったかが窺《うかが》える資料です。そういう流れの中で、口承文学である和歌のジャンルでも、文字化の

＊4　中大兄皇子（のち天智天皇）が天智六年（六六七）三月に近江大津宮へ遷って以後、天武元年（六七二）の壬申の乱に際し、近江大津宮が焼亡して廃墟と化すまでを、近江朝と称している。

＊5　玄室の正面が正方形、側壁をドーム形に持ち送りした横穴式石室。

＊6　堝［るつぼ］・甑［こしき］を備えた移動できる竈で、副葬の際はミニチュアでつくり墳墓に配置された。

＊7　方形の蓮華側面文様をもつ軒先瓦、大きな蓮華文軒先丸瓦など、他に類のない屋瓦で葺かれている。

＊8　→六五頁

＊9　→六三頁

努力がなされるようになったということでしょうか。

稲岡　そうですね。当時の人々はまず中国大陸の漢詩・漢文というものに初めて触れ、そして、自分たちも漢詩を書き始めた。そういう時代を経て、その次の時代になりますと、柿本人麻呂を中心にして、漢字を使って日本の歌を書こうではないか、という機運が起こります。古体（略体）、つまり「てにをは」などがまだ文字の上に現れていないような漢詩風の書き方で、さきほど詠みました

人所寐　味宿不寐　早敷八四　公目尚　欲嘆

（人ノ所《ぬ》レ寐《ゐ》　味宿《うまい》ハ不《ね》レ寐《ず》テ　早敷八四《はしきやし》　公《きみ》ガ目尚《めすら》ヲ　欲《ほ》リテ嘆クモ）

あるいは

戀死　戀死耶　玉桙　路行人　事告兼　（巻十一、二三七〇）

（戀《こい》死ナバ　戀モ死ネト耶《や》　玉桙《たまほこ》ノ　路行《みちゆ》ク人ノ　事モ告《の》ラ兼《な》（ママ）ク）

恋死をするなら恋死せよというのだな、（玉ほこの）道を行く人が何も語ってくれないことだ。

などという歌が作られました。最後の字は「兼」とありますが、これは誤字で「無」です。「恋の占いをしようと思って夕方の辻に立っていたけれども、どういうわけだか今日

は道を行く人が何もいってくれなかった」、つまり、「通行人が何か話をしているのを聞いて占いをしようと思っていたけれども、通行人は黙って辻を通ってしまった。結局、自分の恋がうまくいくかどうか、これではさっぱりわからないじゃないか」、そういうやけっぱちの気持ちを詠んだ歌が「恋死なば恋も死ねとや」です。「これでは恋死をしろというのか」と怒って、いらだっているわけです。

平川　こうした漢詩風の形、略体で書いてありますと、なかなか私どもには読みにくいんですが。

稲岡　当時の人々も同じだったと思います。これは非常に重要な点だと思います。現在研究している私どもも、何と読むか非常に苦労しておりまして、読み方が注釈書によって違っている作品も少なくありません。現在の研究者でもなかなかわからないような読み方ですから、天武朝の当時に人麻呂の周囲の人にこれを見せて、「君、これを読んでごらん」といった時に、いまいったようにすらすらと「恋死なば　恋も死ねとや」と読んだかどうか。これははなはだ疑問でありまして、正確には読んでくれなかっただろうと思います。

ただ、この「人麻呂歌集」というのは不思議なものでありまして、漢字本来の意味に従って努めて表意的に書かれていますから、文字面《もじづら》を見ていると、いっていることはわかる。ですから、中国から来た留学生に『万葉集』をあちらこちら開きまして、〝あなた方はこの『万葉集』の中で、どの辺なら意味がわかりますか〟と聞きますと、〝「人麻呂歌集」（古体歌）ならわかります〟という答えがかえってきます。つまり本場の中国の人には漢字の意味で歌の意味が何とかわかる、というのが、この「人麻呂歌集」の古体歌だと思います。

平川　つまり、「人麻呂歌集」の古体歌の部分は、漢詩風に書かれているわけですね。

稲岡　そうです。ただ、「人麻呂歌集」には先ほど申しあげたように、新体歌（非略体歌）も入っております。新体歌、つまり、日本語の「てにをは」にあたるものを漢字で補って、中国人が使わないような用い方の漢字をまじえた歌になりますと、日本人には読みやすくなりますが、中国の人たちには何だか訳がわからないということになってしまうようです。

　ところでそうした新体歌が作られるようになったその後に、同様な方法で宣命《せんみょう》*1を記したと思われる木簡が出てきて注目されました。一九七九年に藤原宮跡から出土した木簡の中に宣命を記したものが含まれておりまして、助詞の「止《と》」や「乎《を》」が小書されずに大きく書かれていたので、宣命大書体と呼んで、いわゆる宣命書き（宣命小書体）と呼称の上で区別しました。

　ところが、今度、飛鳥池遺跡からさらに古い宣命木簡が出てきたわけです。

◆表記の変化と歴史背景

平川　ここまで、さまざまな資料から日本語と漢字の関係をずっと見てきましたが、特にこの七世紀の後半においてその関係が大きく変わっていったことがわかってきたかと思います。自分たちの心を文字化しようという、文学の中での大きな転機も、こうした流れの一つだと思います。

＊1　口頭で宣布された天皇の命令、もしくはそれを書いた詔書。

その流れの中で、一つ注目される表記法が、今、稲岡さんからもご紹介があった「宣命」というものです。宣命には表記の方法に二種類があるというお話は、先ほど犬飼さんの講演でもご説明いただきました。[*2] かつてはその二つの表記法、七世紀段階の宣命の大書体の表記と、それから八世紀の後半の小書体の表記とがうまく時期的に分かれていたものですから、国語学では、大書体から小書体という流れが主張されておりました。しかし、次にご紹介する飛鳥池遺跡の宣命木簡のような、大書体と小書体を一つの木簡中で一緒に書いてしまうという、どんでん返しみたいな資料も出土資料の中に出てきました。

宣命といえば[*3]『続日本紀《しょくにほんぎ》』の中に、文武天皇の宣命[*4]があります。これは和田さん、どういうふうに理解していますか。

和田　宣命の歴史的背景を少し考えてみたいと思うのですが、文武天皇即位（六九七）の前後、七世紀後半から八世紀初めという時期は、日本の古代史の上でも激動の時代でした。皇極《こうぎょく》四年（六四五）六月に起こった乙巳《いっし》の変（大化のクーデター）により、蘇我《そが》氏の本宗家が滅亡し、いわゆる大化改新《たいかのかいしん》が進められて律令国家体制[*5]がスタートしました。しかしその矢先、天智二年（六六三）八月、白村江《はくすきのえ》の戦いで、倭国軍と百済復興軍は唐と新羅の連合軍に大敗しました。そのため百済の貴族や学者らが大挙して倭国に渡来したのです。渡来した人々のもつ文化的素養が大きな影響を与え、天智朝には漢詩文が盛んになりました。その刺激を受けて、日本語表記も、先ほど稲岡さんからお話のあった「人麻呂歌集」にみえる略体歌から、非略体歌へという大きな変化が表われてくる。そうした状況下で、北大津遺跡から出た天智朝の音義木簡、あるいは飛鳥池遺跡の木簡のような字書木簡

＊2　→七九頁

＊3　六国史のひとつで『日本書紀』に続く二番目の正史。最終的には七九七年に完成した。全四十巻。

＊4　『続日本紀』巻一冒頭に文武天皇の即位を告げる宣命があり、助詞などを小字で書く小書体が使われている。一六二頁囲み記事参照。

＊5　律令とは、律令国家の基本法をいう。律は刑法、令は行政法であるとともに、大臣・公民を教化する教礼法でもあった。天武十年の律令の編纂は、持統三年（六八九）に飛鳥浄御原令一部二十二巻として結実したが、律は完成せず、唐律を準用した。

が出現してくる。こういう木簡は漢籍をどう読んだか、ということと深く関わっていると思います。

そして、続く天武朝から持統朝にかけての時期には、本格的な律令国家の整備が行われました。*1条坊制《じょうぼうせい》を完備した藤原京の造営がまず第一に挙げられますが、そのほか、文学では歌人として*2額田王《ぬかたのおおきみ》をはじめ、柿本人麻呂や*3高市連黒人《たかいちのむらじくろひと》の活躍、美術では山田寺講堂の本尊、法隆寺の金堂壁画、キトラ古墳・高松塚古墳の壁画などがあり、白鳳文化が頂点に達しました。『続日本紀』は大宝元年（七〇一）正月朔日の朝賀式《ちょうがしき》のありさまを、「文物の儀、ここに備はれり」と記し、『万葉集』では天武・持統天皇を「大君は神にしませば」、天武の皇子たちを「高照らす日の皇子」と讃えています。こうした状況が、天智末年から三十年近く遣唐使が廃絶していた時期に生まれたことにも注目したいと思います。
そしてこの時期に、日本語表記に関連するいろいろなことが起こっています。例えば天武十年（六八一）に律令の制定を命ずる。あるいは、*4帝紀や上古諸事《じょうこしょじ》の記定作業を命じています。それらは『日本書紀』などの歴史書に結実していくわけですけれども、そういう律令や歴史書の編纂事業が始まります。また、天武十一年三月には、『新字』*5、「にいな」と普通読んでいるのですが、境部連石積《さかいべのむらじいわつみ》らに命じて、『新字』一部四十四巻を造らせています。そういう日本語表記に関わるいろんな事業が集中しています。それが日本語表記に大きな影響を与えた。その一つの表われが、助詞などに万葉仮名を当てていくということだったと思われます。

*1 都城の碁盤目状の土地区画。

*2 生没年不詳。七世紀後半の女性歌人。

*3 生没年不詳。高市黒人［たけちのくろひと］。七世紀末から八世紀初の歌人。

*4 帝紀は、歴代天皇の系譜、御名、后妃や皇子女、主要な治績、宮名、治世年数、山陵などを指す。上古諸事は古い時代の出来ごとや伝承を指し、旧辞ともいった。『古事記』はこれらをもとに編纂されており、『日本書紀』はそれに加えて、朝廷の記録や諸氏の記録・伝承などをもとに編纂された。

*5 現存しないので内容は不明。白雉四年（六五三）の遣唐使の一行に「坂合部連磐積」の名がみえ、また『日本書紀』斉明五年（六五九）条にも石積らしき人物が乗った船が南海に漂着、労苦を重ねて洛陽に至ったという記事がみえる。石積が中国滞在中に得た漢字についての新しい知識が、帰国後『新字』として結実したのだろう。

◆大書体と小書体

和田　例えば藤原宮跡から出土した宣命木簡には、宣命大書体のものがいくつか知られています。「詔《とのる》大命《おほみこと》乎《を》伊《い》奈《な》止《と》申者《まうさば》」、これは「大命乎《おほみことを》」の「乎《を》」という助詞を大書しています。それから、「伊《い》奈《な》止《と》」の「止《と》」もそうです。ところが、今回飛鳥池遺跡から見つかった木簡は、「世《せ》牟《む》止《と》言而《いひて》」の「止《と》」は大きく、そして次の行の「本止」の「止」という字を小さく書いています。

この木簡はいろいろ問題があると思うのですが、右側の方の助詞は大書していて、左側のそれは小書していますから、完全に小書体ということではない。同じ七世紀後半の木簡でも、そういう大書体と小書体を混用した事例もある。いま平川さんからご紹介があった、『続日本紀』の最初に出てくる文武天皇の即位の宣命では、小書体となっています。

この即位宣命について少し説明を加えますと、行政区画で後の「郡」に当たるものは、七世紀後半は「評」であったのに、『続日本紀』の初めのあたりの記述では、全て「郡」字で統一されています。そうしたことから、これまで、『続日本紀』の文武紀あたりの記述でも、

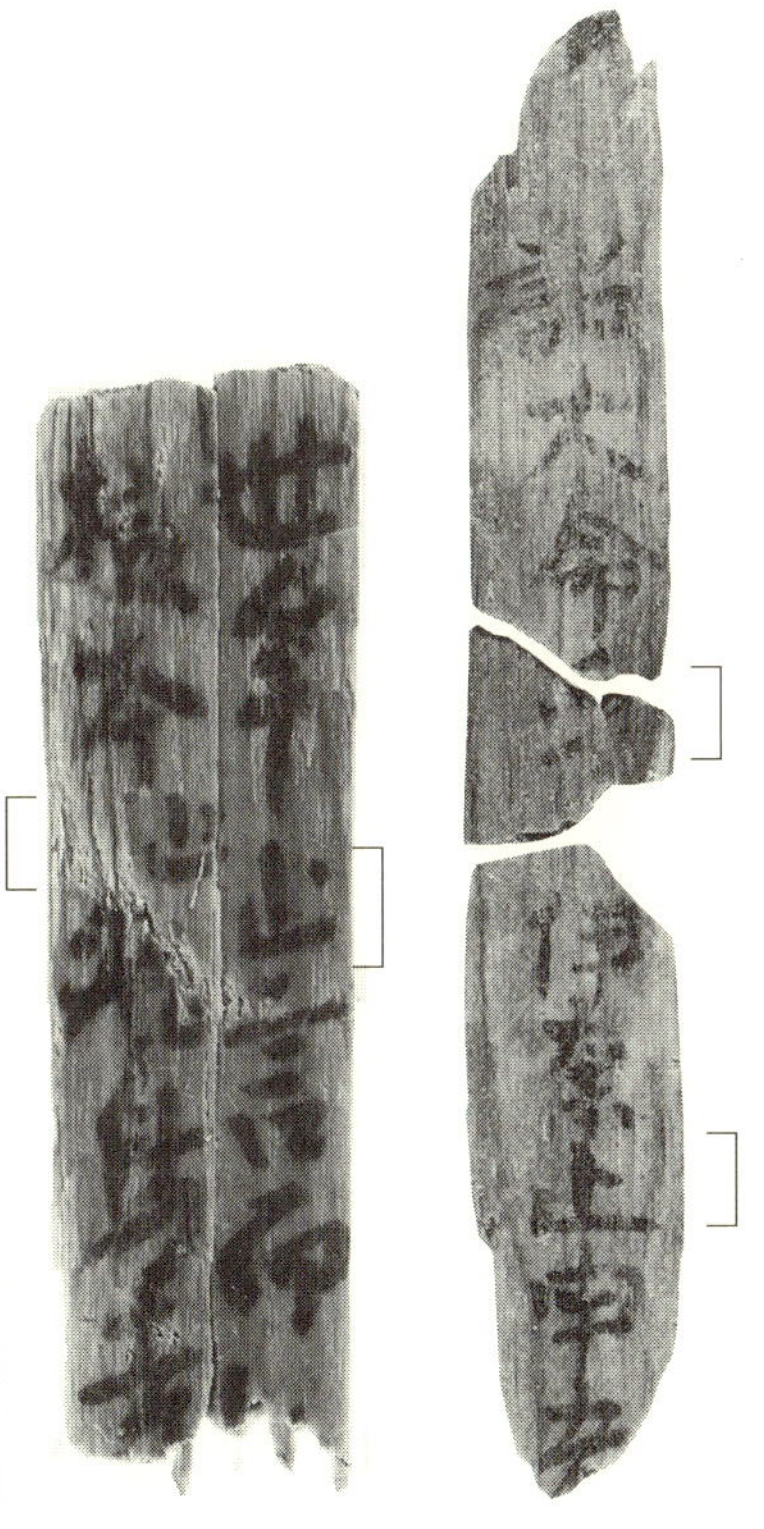

□詔大命乎伊奈止申者

世牟止言而□
□本止飛鳥寺

◀宣命体で書かれた木簡。（奈良国立文化財研究所提供）
右：宣命大書体で書かれた宣命木簡。助字もすべて同じ大きさで書かれている。七世紀末〜八世紀初めのもの。藤原宮跡出土。
左：右行を宣命大書体、左行を宣命小書体で記した木簡。同じ助詞の「と」（止）が大書と小書になっている。七世紀後半のもの。飛鳥池遺跡出土。

養老四年（七二〇）に完成した『日本書紀』の編纂過程で、かなり文飾が加えられているのではないかと考えられてきました。文武即位宣命は全部小書体ですので、従来の大書体から小書体へという説に基づけば、八世紀の後半、かなり後段階の表記ということになります。

しかし、木簡資料から一概にそうといえないことがわかってきました。小書体が含まれた宣命木簡が出たというのは非常に注目すべきで、文武天皇の当時、すでに小書体が使われていた、ということです。つまり、この文武天皇即位の宣命も、当時の生《なま》の資料を使っていた可能性があります。ちょうど文武天皇の一代前、天武・持統朝という時期は、倭国語（日本語）の表記の上でも画期的な時代だったのではないでしょうか。そうした背景のもとに、非略体歌が生まれてきたのではないか。そんなふうに考えています。

▼文武天皇即位の宣命（『続日本紀』巻一）

『続日本紀』冒頭の文武天皇即位条に、文武天皇が六九七年に即位した際の宣命がある。『続日本紀』の中に収められている宣命はすべて小書体で書かれているが、最初に登場するのはこの文武天皇即位の宣命である。

…詔曰、現御神止大八嶋国所知天皇大命良麻止詔大命乎、集侍皇子等・王等・百官人等、天下公民、諸聞食止詔。高天原尓事始而、遠天皇祖御世、中・今至麻弖尓、天皇御子之阿礼坐牟弥継々尓、…

（『新日本古典文学大系　続日本紀一』岩波書店、一九八九年より）

…詔《みことのり》して曰《のたま》はく、「現御神《あきつみかみ》と大八《おほや》嶋国《しまぐに》知《し》らしめす天皇《すめら》が大命《おほみこと》らまと詔《の》りたまふ大命を、集《うごな》り侍《はべ》る皇子《みこ》等《たち》・王《おほきみたち》等・百《もものつかさのひとども》官人等、天下《あめのしたのおほみたから》公民、諸《もろもろ》聞きたまへと詔る。高天原《たかまがはら》に事始めて、遠天皇祖《とほすめろき》の御世、中《なか》・今《いま》に至るまでに、天皇が御子《みこ》のあれ坐《ま》さむいや継々《つぎつぎ》に、…

4 文書行政と口頭伝達

文書行政の本格化とともに文字は地方にも広まりを見せる。律令国家の重要な道具として、文字はどんな場面で使用されたのだろうか。同時に、日本語表記の道具としても発展した文字は、文学の世界に新たな展開をもたらした。行政・文学の世界での「文字」の、力と役割を考えてみよう。

古代史と木簡

◆木簡と紙

平川　いま、和田さんに、表記の変化の裏にある、大きな時代背景を語っていただきました。そして、この七世紀後半から八世紀初めに、いよいよ律令を日本の古代国家が取り入れて、文書による行政ということが本格的に開始される。最近各地から出る七世紀代の木簡などを見ているともう少し遡っていく可能性はありますが、恐らくこの時期、本格的に文書行政が整えられていくわけです。

それに伴って、木簡と紙という、書かれるものの問題も考えなくてはなりませんね。紙に書かれたものについて、これも聴衆の方からのご質問の中にありましたが、残念ながら日本の場合は八世紀以前に紙に書かれたものというのはほどんど残っておりません。古く正倉院文書の中にある大宝《たいほう》の戸籍という八世紀初めのものと、経典の奥書《おくがき》によって年代がわかる七世紀後半のお経が一つあるくらいです。

漆紙文書《うるしがみもんじょ》といって、漆を保存するための蓋として使われた古い公文書などに、漆がしみこんで地中に残ったものがあります。これもいまのところ八世紀からしか資料が出ておりません。この漆紙文書は恐らく七世紀も十分に期待できると思いますが、紙と木の関係というのは、紙が出てこないとなかなかわからない面が多いんです。ところで、木簡あるいは竹簡の本場であり、紙の本場でもある中国と、それが伝わってきた日本では、両者の関係は違ってくると思うのですが。

和田　中国では、戦国時代にすでに竹簡が使われていました。戦国七雄の一つである楚《そ》の国の領域であった湖南省・湖北省・河南省から、長沙楚簡《ちょうさそかん》・江陵《こうりょう》楚簡・信陽《しんよう》楚簡などが出土しており、いずれも墓に納めた副葬品のリスト（献策《けんさく》）です。秦代の雲夢《うんぼう》秦簡も竹簡です。漢代に入りますと、湖北省の長沙から竹簡とともに木簡[*1]が出土します。有名な馬《ま》王堆《おうたい》一号漢墓から竹簡三一二点と木簡四九点、馬王堆三号漢墓から竹簡五九三点と木簡一七点が出土しています。竹簡は全て献策ですが、一号漢墓の木簡は被葬者の軑侯利蒼《たいこうりそう》の副葬品を納めたバスケットにつけたもの（楬《けつ》）であり、三号漢墓の木簡は副葬品に関する文書類でした。竹簡と木簡の使いわけが注目されます。紙を発明したのは、後漢の蔡倫《さいりん》とされています。[*2] しかし蔡倫以前から紙という名称は存在していました。[*3]『説文解字《せつもんかいじ》』に紙という文字がみえています。ただしこれは粗い糸（敝糸《へいし》）を水中でさらして作るもので、動物性の繊維でした。発掘調査により、西安市郊外の前漢初期の墓から、灞橋紙《はきょうし》が出土して

＊1　木簡の用語は、一九六一年に平城宮の大膳職［だいぜんしき］推定地の塵芥［ごみ］捨て穴から木簡が発見されて以降、用いられている。中国では簡牘［かんとく］という用語が一般的だが、最近では木簡の用語も使われるようになってきた。

＊2　『後漢書』蔡倫伝。

＊3　中国後漢の漢字の字書。『説文』ともいう。

います。紙質は粗く厚手であることから、文字を書くには適さず、銅鏡をつつんでありました。こうしたことから、後漢の蔡倫が紙を発明したというのは、後に生まれた伝承といえそうです。彷徨《さまよ》える湖、ロプノールで有名な楼蘭《ろうらん》で、今世紀初めにスウェン・ヘディンや大谷《おおたに》探検隊が魏・晋代の文書類を発掘していますが、それらの文書類には紙と木簡の両方が使用されています。遅くとも四世紀初めごろ、中国では紙と木簡が併用されていました。そうした木簡が、おそらく朝鮮半島を経由して、日本に伝えられたと考えられます。

平川　中国での竹簡の歴史は戦国時代（前五世紀）まで、紙の歴史は前漢（前二世紀）まで遡るわけですね。日本で最古の木簡は、今のところいつごろになるかご説明していただけますか。

和田　現在のところ、日本出土の木簡で最古級と考えられるのは、奈良県桜井市の山田寺下層から出土した習書《しゅうしょ》木簡、同じく上之宮《うえのみや》遺跡出土の木簡、徳島県徳島市の観音寺遺跡の木簡[*4]などで、七世紀の第II四半期のものです。しかし私は、今後の発掘調査で六世紀後半に遡る木簡が出土するのでは、と考えています。その理由を少し説明しておきましょう。

日本の古代木簡のほとんどは、ヒノキで製作されています。例外は、隠岐国《おきのくに》の木簡がスギ、九州の西海道諸国から貢進された綿にくくりつけられた木簡が広葉落葉樹であるだけで、他は全てヒノキです。

一般の木簡は、ヒノキでまず板材を作り、それを割って短冊状の木片を作り出し、刀子《とうす》で表と裏面を削り、両側面を整えて、木簡の形を作ります。荷札や貢進物付札《こうしんぶつつけふだ》であれば、

＊4　↓六五頁

上下端の両側に刀子で抉《えぐ》りを入れて切欠《きりか》きを作ったり、下端部を尖らせたりします。このようにして出来あがった木簡形状のものに墨書すれば、木簡となります。

注目されるのは、短冊《たんざく》状の木簡の形から、人形《ひとがた》や斎串《ゆぐし》も作り出されたことです。刀子で上端部に抉りを入れて頭部と肩部を、両側面を切り込んで両手と体を、下端部を大きく切り出して両足を作れば人形となります。斎串は地面に突き刺して、斎串で囲まれた範囲が祭祀空間であることを示すためのものですが、これも短冊状の木簡から作りました。即ち刀子で、頭部を山形状（圭頭《けいとう》）に、下端部を鋭く尖らせ、両側面に何ケ所か刻み目を入れると、斎串が出来ました。

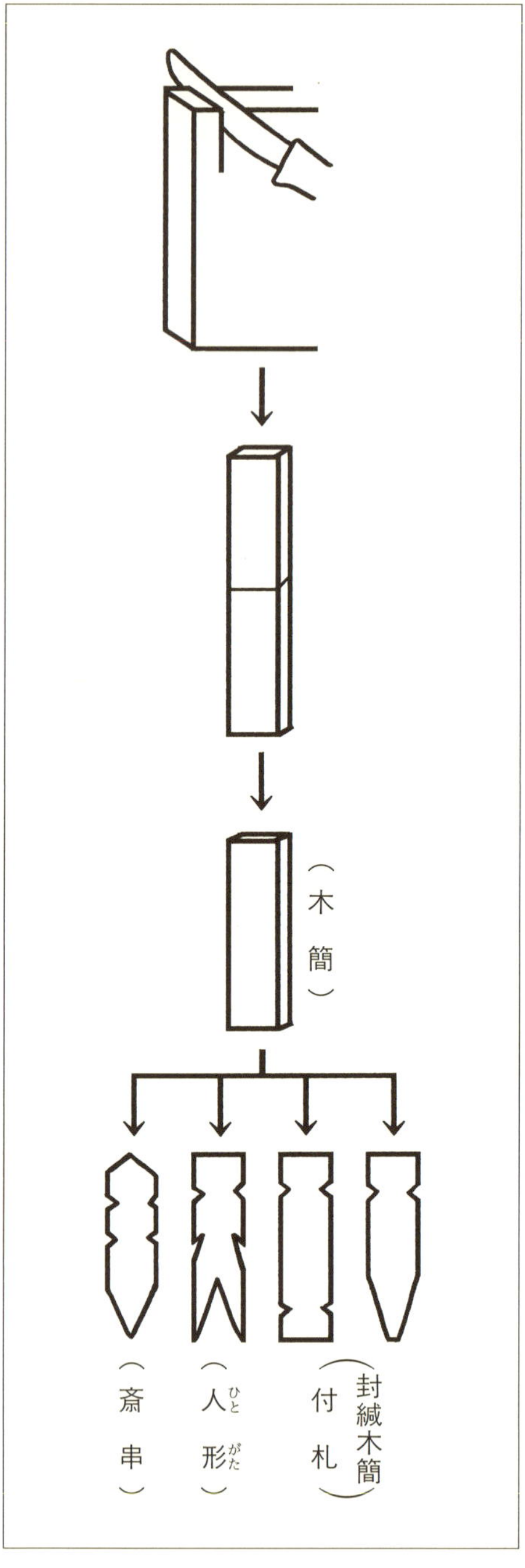

▶さまざまな形状の木簡・人形［ひとがた］・斎串（模式図）

現状では最古級の木簡は七世紀の第II四半期のものですが、人形《ひとがた》では、大阪府堺市の今《いま》池《いけ》遺跡からと大阪府泉大津市の豊中《とよなか》遺跡から、それぞれ六世紀前半と初頭ごろの人形に類似した木製品が出土しています。斎串では、奈良県天理市の和爾《わに》遺跡から六世紀中ごろの、徳島市観音寺遺跡から六世紀末の斎串が出土しています。人形や斎串の製作法は、まず木簡形状のものを作るわけですから、人形・斎串に墨書があれば木簡になるわけです。こうした状況からみれば、今後、六世紀後半の木簡が検出される可能性はきわめて大きいでしょう。

平川　朝鮮半島ではいかがですか。

和田　先ほど平川さんが、韓国から出土した約百点の木簡には、中国木簡と日本木簡の両方の要素があると指摘されました。中国で紙と木簡が併用されていた時期に、おそらく南北朝（四世紀～六世紀後半）に、中国から朝鮮半島に木簡が伝えられたものと考えられます。私見では、南朝から百済や伽耶諸国に伝えられた可能性が大きいのではないか、と思っています。六世紀前半、百済から五経博士や暦博士・医博士らが招かれました。それらの人々がもたらした典籍類は、すでに紙に記されていたのでしょうか、あるいは木簡だったのでしょうか。布類に書かれていた可能性もあるでしょう。五三八年に百済から仏教が伝えられたわけですが、その際に将来された経典についても、同様の疑問があります。敏達《びたつ》元年（五七二）に、高句麗王からの*1上表文《じょうひょうぶん》がもたらされたのですが、それは烏《からす》の羽に記されていたところから、烏羽《うう》の表《ひょう》と呼んでいます。それを読み解いたのが王辰爾《おうしんじ》であり、船史《ふなのふひと》の祖となった人物です。軍事的な機密保持のために烏の羽に書いたと解釈さ

*1　臣下から君主にみずからの意志を表明した文書。

れますが、一方では当時、高句麗では紙の使用が普及していなかったことを示しているとも理解されます。

推古十八年（六一〇）三月に、高句麗王は僧の曇徴《どんちょう》と法定《ほうじょう》を倭国に貢上しましたが、僧曇徴は五経[*1]《ごきょう》を知るとともに、彩色および紙墨をよく作り、あわせて碾磑[*2]《みずうす》を造ったことがみえ、注目されます。高句麗では六世紀後半から末葉にかけての時期に紙の生産が急速に進んだこと、またその背景には、仏教の流布と共に経典の書写が必要となったことがあげられます。先に述べましたように、推古朝にはすでに木簡が使用されていた可能性が大きいのですが、紙の製法が伝えられて、倭国においても紙と木簡の併用が始まりました。天智朝に庚午年籍[*3]《こうごねんじゃく》、持統朝に庚寅年籍[*4]《こういんねんじゃく》が全国的に作成されましたから、大量の紙を必要としたわけで、七世紀後半には紙の生産が確立したとみてよいでしょう。天武朝から一切[*5]《いっさい》経《きょう》の書写が国家的事業として開始されたのも、こうした紙生産の確立と深く結びついています。

平川　古代日本の木簡は、その形状・記録様式・書体そして記載内容などにおいて、木簡の源流である中国木簡、そして真っ先に中国の影響をうけた朝鮮半島の資料と密接な関連がうかがえます。これまで、古代日本の木簡研究においては、中国と違って初めから紙との併用下にあった日本の木簡について、形状や法量に一定の規格性を問うことはほとんどありませんでした。しかし、古代日本の木簡にも漢簡を意識したような、一定の規格性を十分に確認できます。もちろん、たとえ日本の木簡に漢簡との共通性がうかがわれたとしても、漢簡の本来的なあり方とは異なるものであることはいうまでもありませんが、日

＊1　儒教教典のうち、『易経』『尚書』『詩経』『春秋』『礼記』をいう。前漢中期の前二世紀後半に儒教が中国で正当思想の地位を得て以来、これらが「五経」として重視された。

＊2　水力を利用した臼のこと。

＊3　六七〇年に作られた最初の全国的な戸籍。

＊4　六九〇年に作られた戸籍。

＊5　仏教の聖典を網羅的に集成したもので、「大蔵経」ともいう。

本と同じ紙木併用期の八世紀後半の新羅木簡にも漢簡模倣の様子がうかがえる点もあわせ、日本列島および朝鮮半島における古代木簡研究は新たな段階に入る必要性を痛感しています。また、紙木併用期ゆえに、より木の特性を活かした使用範囲が想定できるという点に注目していくべきです。

◆文書行政とそのにない手

平川　ところで、木簡は、一方では先ほど表記の問題で取りあげてきたように、国語学・国文学でも重要な資料です。メモのようにも使われますから、正式な記録でなく日常に近い書き言葉がわかるのも特性といえます。

もう一方で、古代史の分野でも当時の実情を伝える大変重要な資料です。現在出ている木簡は、大きく分けて命令伝達・上申書・記録・帳簿などの文書簡と、荷札などがあると思いますが、特に行政の部分における木簡の利用ついて、現状でわかっている機構をご説明いただけますか。

和田　木簡はその記載された内容によって、命令や伝達、記録や帳簿の類を記した文書木簡と、いわゆる「荷札」である付札《つけふだ》に大きく二つに分類できます。律令国家体制のもとで、木簡が都と地方でどのように利用されていたのか、とりわけ行政面における木簡利用について、簡略にお話ししたいと思います。

まず都の場合、律令国家では、命令・伝達や記録を、主として文書によって行う文書行政を中核としていました。それで令の編目の一つである公式令《くしきりょう》に、詔勅や符《ふ》・解《げ》・移《い》・

牒《ちょう》といった書式が規定されており、その手続きも細かく定められていました。文書は人や物の移動に関連して作成され、報告されるわけですが、主要なものは紙に、簡略なものは木簡に記されました。

次に地方の場合、律令国家の地方行政組織は、五畿内と七道諸国に分かたれ、それぞれの国では、大宝令以前は国《くに》―評《ひょう》―里《り》、大宝令以降は国―郡《ぐん》―里という統治組織となっていました。ただし霊亀《れいき》三年（七一七）五月から天平十一年（七三九）末頃までは国―郡―郷《ごう》―里、天平十二年からは国―郡―郷となりました。各組織の官人として、それぞれ国司・郡司・郷長・里正《りせい》がいました。国府―郡家《ぐうけ》（評家）―里家《りけ》があり、国府の政庁は国《こく》衙《が》、郡家の政庁は郡衙《ぐんが》（評の段階では評衙）と呼ばれました。国府や郡家、あるいは里家・駅家《えきか》（駅路にそって設置された駅《うまや》）と推定される遺跡から出土する地方の木簡は、都の木簡と比較してまだそれほど点数は多くないのですが、やはり文書木簡と付札に分けることができます。

都の木簡の場合、例えば平城宮跡出土木簡であれば、厖大な正倉院文書が伝えられていますので、紙の文書と文書木簡を比較検討して、先にふれたような両者の補完関係を確かめられるのですが、地方の木簡の場合、比較できる紙の文書は正税帳《しょうぜいちょう》*1の記載ぐらいしかなく、検討できません。文書木簡がより重要な役割を果たしていたと推測できるにすぎません。

近年各地で出土した木簡のうち、とりわけ注目されるのは上級官司から下級官司に宛てた文書木簡で、国司から郡司に命令を下した国符《こくふ》木簡、郡司から郷長・里正やその他の下

【律令国家の地方行政組織】
~大宝令（七一〇）
国―評―里
大宝令（七一〇）~七一六
国―郡―里
七一七~七三九
国―郡―郷―里
七四〇~
国―郡―郷

*1 正税（一七五頁脚注3参照）を記録した帳簿。

*2 平城京跡の長屋王家や二条大路、新潟県八幡林遺跡で数多く出土し、注目されるようになった。

級官司に命令を出した郡符《ぐんぷ》木簡があります。長野県更埴《こうしょく》市の屋代《やしろ》遺跡群から、「符　更科郡司等」と記した国符木簡が出土しました。信濃国司が更科《さらしな》郡司等に命じたものです。郡符木簡は、同じく屋代遺跡群、新潟県和島村の八幡林《はちまんばやし》遺跡、兵庫県氷上《ひかみ》郡の山垣遺跡、岐阜県の古川町の杉崎廃寺《すぎさきはいじ》、福島県いわき市の荒田目条里《あっためじょうり》遺跡などから出土しています。また北九州市の上長野《かみながの》A遺跡からは、企救《きく》郡司が税長を召喚した召文木簡が出土していて、注目されます。

このほか、紙の文書を中にはさんで封緘《ふうかん》し宛て先を記した、封緘*2木簡と呼ばれる木簡があります。羽子板のような形で、二枚一組で使われました。例えば山垣遺跡から出土した木簡に、「丹波国氷上郡」と記されたものがあります。

文書木簡の範疇からは少し離れますが、国境に置かれた関を越える際に通行証明書として提示した過所《かそ》木簡があります。平城宮の朱雀門下層の下ツ道の側溝から出土した過所木簡が有名ですが、これ

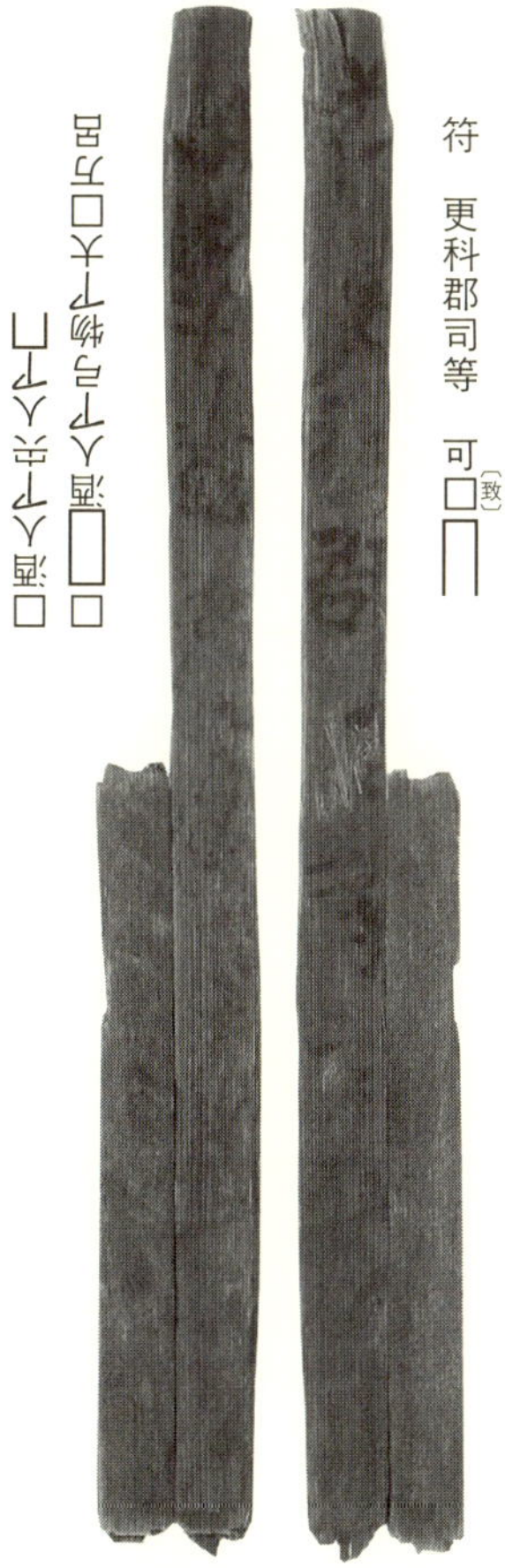

◀右：長野県屋代遺跡群出土の国符木簡。八世紀初めのもの。（長野県埋蔵文化財センター提供）／左：兵庫県山垣遺跡出土の封緘木簡。◀部分の切り欠きと、羽子板状に削り出された下部から、封緘木簡とわかる。八世紀前半のもの。（兵庫県教育委員会提供）

COLUMUN

木簡のいろいろ

全国各地から発見される数々の木簡。律令制下の古代日本では、文書行政における文字の必要性から識字層も広まり、都でも、地方でも、多くの場面で木簡が使われていた。

木簡は、その材質が「木」であるため、紙に比べて比較的製造も簡単で、削れば何度も使用でき、丈夫である。これらの特性を活かし、命令を伝える文書として、記録や帳簿として、あるいは荷札として、さまざまに使われてきた。

ここでは、主な木簡を用途によっていくつかに区分し、その種類と用途をみていこう。

1 文書木簡

命令・伝達・記録・帳簿など。主要な文書あるいは長文の文書は、公式令の書式に基づいて紙に記されたが、簡単な内容の場合は木簡に記された。宮都のほか、地方の国衙・郡衙からも、近年多く発見されている。

①人の移動にともなうもの
・官司への出頭命令（召喚木簡・召文《めしぶみ》木簡）
・臨時の人員移動の要請
・各官司で宿直した者の報告（宿直木簡）
・作業に従事した者の就役報告　ほか

②物の移動にともなうもの
・食料や薬物などの請求（請求木簡）
・物品の送り状（進上木簡）　ほか

③上級の役所から下級の役所への命令

（国符木簡・郡符木簡など）

④下級の役所から上級の役所に宛てた上申書
（上申木簡）

⑤記録・帳簿など

⑥身分証明書

・官人が宮城門を通過する際のもの（門榜《ぼう》）

・関所を越える際のもの（過所《かそ》木簡）

2 付札木簡

貢進物（税）に付けられた例が多く、いわゆる「荷札」として送付する際に付けられたもの（貢進物付札）や、中央や地方の役所で物品を保存する際にラベルとして付けられたもの（付札）がある。

貢進物に付けられた木簡は多くが郡衙で作成されたらしく、材質・形状・書式・筆跡には郡ごとにまとまりがある。これらは「国名・郡名・里名・人名・品名・数量・年月日」などを記すのが標準的で、上端あるいは上下端には紐をくくりつけるための切り込みがあり、下端は荷に刺すために、尖らせているものもある。

3 その他の木簡

①封緘木簡　紙の文書を挟んで封緘し、相手先に届けたもの。二枚一組で用いられた。

②習書木簡　文字の練習をしたり、典籍の一部を手習いのために書き記したもの。

③音義（字書）木簡　漢字の読みなどを記したもの。

④呪符木簡　魔よけ・まじないの記号（符籙）や「急々如律令」という呪句を記したもの。

⑤告知札　道を往来する人々に、警告したり、紛失物の探索を依頼する内容の木簡。大形のものが多く、地中に突き刺した。

関々司前解　近江国蒲生郡阿伎里人大初上阿□(伎)勝足石許田作人
同伊刀古麻呂
大宅女右二人左京小治町大初上笠阿曽弥安戸人右二
送行乎我都　鹿毛牡馬歳七　里長尾治都留伎

▶平城宮跡朱雀門の北側、平城京造営以前の溝から出土した過所木簡。近江国蒲生郡阿伎里から左京小治町に行く阿伎勝伊刀古麻呂らのため、里長が関々司あてに発行した。七世紀末から八世紀初めのもの。（奈良国立文化財研究所提供）

は近江国蒲生《がもう》郡阿伎里《あきのさと》の里長が作成したものです。

最初に木簡は、記載内容から文書木簡と付札に分類されると申しました。最後に付札《つけふだ》木簡についてふれます。付札にも、物を保管する際に心覚えとして付けられた付札と、地方から都へ税として貢進された物に付けられた貢進物《こうしんぶつ》付札があります。付札についてはあまり問題がありませんから、ここではふれずにおきます。貢進物付札としては、税（調《ちょう》や庸《よう》物《ぶつ》）として貢進された海藻類・魚貝類・塩・鍬《くわ》・鉄・銭・綿・米などに、あるいはこれらを入れた容器に括りつけられた付札や、白米の付札、*1贄《にえ》の付札などがあります。宮内や都で、あるいは都の周辺で、貢進物付札は多数出土します。

付札は近世に至るまで用いられますが、これまでの知見によれば、文書木簡や貢進物付札は、平安時代に入ると急激に少なくなっていきます。おそらくこの時期に至り、紙の生

*1　神、とくに古代では天皇に対して貢献する食べものをさす。

産量が増大して木簡を用いる必要がなくなったこと、八世紀末以降、調庸制[*2]が衰退し、国家財政は正税《しょうぜい》[*3]に依存する度合が大きくなったことなどが原因かと思われます。

平川　和田さんのご説明からもわかるように、木簡による命令伝達というのは、かなり復元できるようになったといえます。

ところで、特に考古学や古代史の分野で注目されるのは、地方支配で上から出されたそういう文書が、下はどこまで届くかということです。まず、国から郡に宛てた命令書、これは木簡の形でも出てきますが、紙の文書でも現物としていくつか残っております。国から郡の次は、さらに郡から里のレベルへ、今度は木簡という形で命令を伝達している。つまり、行政の末端まで木簡という形で文字化された命令が伝わっていたということになります。

文書行政と口頭伝達

◆木簡はどのように使われたか

平川　ここで一つ注目したいのは、文書行政と口頭伝達という問題です。もともと口頭伝達だったものが、文書で伝達する文書行政に取り変わっていく。何か文書行政というと、あらゆるものが文書によって伝達されるというふうに考えがちです。しかし、当時の古代社会の末端のところでは、口頭伝達というのはずっと付いて回るのではないでしょうか。

例えば屋代遺跡群の木簡ですが、これは私がたまたま扱った資料ですので私の方から説

*2　調・庸はともに律令制での租税負担。調は布や糸などを中心とする特産物で大蔵省に納められ、庸は労役のかわりに布・米などを民部省に納める。

*3　七三四年に成立した呼称で、各地の郡家の正倉に蓄えられた稲を指す。

符　屋代郷長里正等
敷席二枚　鱒□升　芹□
〔神〕匠丁粮代布五段勘（ママ）夫一人馬十二疋
□宮室造人夫又殿造人十人

▶長野県屋代遺跡群出土の郡符木簡。郡から郷に対して、神社に造営のための匠や人夫の召喚と、神事用の蓆［むしろ］・鱒［ます］・神社造営の労賃の布などの調達を命じている。八世紀前半のもの。（長野県埋蔵文化財センター提供）

明しましょう。

まず、この木簡は埴科《はにしな》郡の郡司から、人を呼び出すために、屋代郷の責任者である郷長に宛てて命令した召喚状です。文面からみると、この木簡を書いた郡司にとっては郷長までが自分の相手だったようなのですが、にもかかわらず、「里正」という字まで書かれています。この「里正《りせい》」とは、先ほど和田さんからお話があったように、七一七年から七四〇年の間だけ続いた行政区画、「里」の長にあたりまして、一人の郷長の下に二、三人の里正がいます。おそらく命令を受けた郷長は、里正あたりを集めて、口頭で「こういう命令が郡の役人から来たんだ」といったのではないか。結局、口頭伝達を伴って行政の末端まで達する、そういうしくみのもとにこの木簡が成り立っているのではないかと考えています。

ところで、もともと木簡は発掘現場から見つかる資料です。考古学は物を観察することを大変重視する学問ですから、木簡の研究においても「きちっと観察する」ということがとても重要です。すこし細かくみていきましょう。

この木簡の頭の部分は細かく一センチ間隔で五つに割られています。そして最後に、真っ二つに割っているんです。その細かく割った、五等分した頭の部分はどこまで切り込みが入っているかというと、「符　屋代郷長」のところまでです。これはどういうことか考えてみましょう。

命令を受けて召喚人が集まると、郷長はこの木簡を携えて、召喚人などを引き連れ召喚先におもむきます。そして、郡司たちの点検を受けたのちに、木簡は廃棄されますが、この木簡は下部の文字を削れば再利用も可能です。郡司の発行した郡符は郡内で最高に権威あるものです。そこで郡符の悪用を防ぐために、差出の文言「符」と宛先（屋代郷長）部分を切断し捨てたのでしょう。

◆書かれた文字が持つ力

平川　さらに、この木簡は非常に大きな木簡です。古代の木簡は二十センチから三十センチくらいが標準スタイルとしますと、これは六十センチ近い。だから、郡の役人が里の一番末端の人に出す木簡に限ってめちゃくちゃ大きいわけです。つまり、わざと通常の木簡の倍の長さの大きな木簡に文字を書いて示す。これはおそらく文字の権威、威力が、まだ文字が十分行き渡らない末端の里の人たちをおどかす、あるいは屈服させる効果があったのではないか。そういう面で非常に象徴的な資料ではないかと思うんです。

文字の権威を政治的に利用する、という意味では、はじめの方で出てきた下賜された剣も、同様ですね。

和田　私は、稲荷山鉄剣銘文や江田船山鉄刀銘文は、ワカタケル大王に近侍していたヲワケ臣や張安が銘文を作ったと考えているのですが、五世紀後半までは、文字（漢字）は大和王権により専有されていたと思っています。つまり漢字は大和王権により専有され、王権による国家支配のシンボルとして用いられた。おそらくその背景には、大和王権は中国王朝の権威を背後に負っていることを具体的に示す手段として、文字が用いられたと思います。さらに漢字そのものに呪力があると観念されていたのではないでしょうか。木簡でも、大阪市桑津《くわづ》遺跡から*1呪符《じゅふ》木簡が見つかっており、七世紀中ごろの古いものです。以後、今日に至るまで門口に板製・紙製の呪符を貼る民俗が残っており、漢字のもつ呪力が強く意識されています。今後の調査に待たねばならないのですが、日本における最古の木簡は呪符木簡だった可能性はかなり大きいのではないか、とさえ考えています。

水野　私も一言。私はいま、鳥取県淀江《よどえ》町の上淀《かみよど》廃寺金堂の壁画を検討しているのですが、奈良国立文化財研究所の沢田政昭さんの調査では、この壁画をかいた壁土中には沢山

募之乎
（符籙）文田里　道意白加之

▶大阪府桑津遺跡の官衙と推定される建物付近の井戸から出土した呪符木簡。符籙の下に、隷書風の文字を記す。「道意」「白加」は人名か。文末の「之」は読まない助字（置字）で、渡来した人によって作成された可能性がある。七世紀中ごろのもの。（大阪市文化財協会提供）

＊1　道教的な呪術（道術・道士法という）に基づく符籙［ふろく］や「急々如律令［きゅうきゅうにょりつりょう］」の呪句を記す木簡。形状としては、上端部を圭頭状に、下部を尖らせて、地面に突き刺して用いられたものも多い。符籙は、「日」の字や星を示す○を線で結んだり、「鬼」の字を書くものが多い。「急々如律令」は、

の紙が切り込まれているといいます。顕微鏡でみるとよく判ります。この寺の創建年代は六八三年前後です。[*2] 恐らく郡司（または郡司クラスの財力をそなえた里長や郡司近親者）クラスの人の建立と考えますが、紙がこうした人々の周辺にかなり普及しているといえます。膨大な紙を用いて文書が地方で盛んに書かれていると考えるべきではないでしょうか。ですから、それを集めて切り刻んで壁材にできたわけです。そうした環境の中で木簡も見ていただきたいと思います。

平川　こうした紙のあり方にも十分注意しながら、木簡と紙の関係を今後検討していく必要がありますね。

効果がすみやかに現れるように願う呪句である。中世木簡の大半は呪符木簡である。

＊2　癸亥（六八三）年銘平瓦の発見で創建年代が判明した。

口承文学と文字文学

◆詠う和歌から読む和歌へ

平川　ところで、こういう文書と口頭ということは、何も行政だけではなくて、口承文学や歌の観点からも考えていかなければいけないと思うのですが。

稲岡　先ほど詠みました「てにをは」が書いていない略体の歌、「人ノ所《ぬ》レ寐《る》　味宿《うまい》ハ不《ね》レ寐《ず》テ　早敷八四《はしきやし》　公《きみ》ガ目尚《めすら》ヲ　欲《ほ》リテ嘆クモ」、これをごらんになって皆さんはどのようにお感じになるでしょうか。実際に歌を作っていらっしゃる方がお読みになるとあるいは感じられるかもしれませんが、これは現代短歌の個人の叙情歌とは違って、集団の歌のような感じがします。何となく個人の叙情歌としては絞り方が少し緩いようだと。「戀死

ナバ　戀モ死ネト耶《や》　玉桙《たまほこ》ノ　路行《みちゆ》ク人ノ　事モ告《の》ラ無ク」、すなわち「あの恋がうまくいかなくて恋死をしろというのか」、とおおげさなことをいっているけれども、何となく愉快にできあがっています。個人の本当に深刻な歌と考えて、「恋死をしろというのか」といいますと、いまにも狂いそうな場面を想像しますが、実際この歌を詠んでいると何となく愉快になってくるところがある。ですから、これは本当の深刻な恋歌ではなくて、どういう節を付けたかわかりませんけれども、「戀死なば　戀も死ねとや」と集団で歌って、お酒を飲んで酔って愉快になっている、そういう歌じゃないか。アララギ派の土屋文明さんや斎藤茂吉さんなどの注釈[*1]の中には、これは民謡的なものである、とあります。「民謡」というい方は、いま、私たちの研究の中では使用しませんので、集団の歌謡、実際に大《おお》[*2]宮人《みやびと》の集団に歌われる歌として、人麻呂が作ったものだと考えたらいいと思います。

この、古体歌（略体歌）には、「戀死なば　戀も死ねとや」などというように、集団の場で歌われるのにふさわしい詠風のものが多いのです。概括的にこの時代までの歌は、集団の人々の集まる儀礼や酒宴の場、その場所を共通の場として歌っている歌がほとんどだといってよいでしょう。つまり、共通の時間・場所において、音声によって伝えられるという、集団的な当時の歌のすがたが表れているといえるでしょう。

平川　口承文学から文字の文学へ、という流れを考えた時に、和歌と漢詩・漢文の関係はどのようにとらえたらよいのでしょうか。

稲岡　今日、お集まりの方々の中には、日本語の歌を漢字で書くのは、それほどむずかしいことではないだろうと、お考えの方があるのではないかと思います。それは、本居宣《もとおりのり》[*3]

*1　土屋文明『万葉集私注』（筑摩書房、一九四九～一九五六年）、斎藤茂吉『柿本人麿』〈評釈篇〉（岩波書店、一九三七年～一九三九年）

*2　『万葉集』では宮廷に仕える人々を男女・位階を問わずこう呼んでいる。

*3　一七三〇～一八〇一。江戸中・後期の国学者。賀茂真淵から古事記研究を託され入門、国学の道に入る。代表的な著書『古事記伝』は、『古事記』の注釈書で四十四巻から成り、一七六七年起稿、脱稿まで三十余年を費やした大著として名高い。

長《なが》にもなかったとはいえませんし、私自身にもかつて全くなかったとはいえないのですが、歌の歴史を考える際には余計な、誤った判断だということを、はじめに申しあげたいと思います。

宣長の『古事記伝』や『続紀歴朝詔詞解《しょくきれきちょうしょうしげ》』を読みますと、歌と宣命と祝詞《のりと》とは、かなり古い時代から、古語のままに書き伝えていたのだと、宣長がかたく信じて疑っていなかったことがわかります。それらはきわめて大切なもので、一字でも違っては困るものだから、漢文には記しがたかったためだと、宣長は考えていたのです。かなり古い時代からとは、いったいいつごろのことをいうのか、宣長は明らかに語っていませんが、推古朝よりもかなり前の時代を意識した表現と考えられます。[*4]

宣長のそうした判断が、論理的な矛盾をはらんだものであることは、国語表記の歴史をたどり、また「人麻呂歌集」の研究をとおして、柿本人麻呂が歌を書くのに苦労しているのにつきあって参りますうちに、はっきりと見えてくるようになりました。

小林秀雄『本居宣長』[*5]の中に、「漢語に固有な道具として漢字の驚くべき働きが日本人に次第に明らかになるにつれて、国語に固有な国字のない事実の重さが痛感されたはずであろう」と記されたところがあります。さらに、「漢文の模倣という知的訓練ともいうべき道を辛抱強く、まっすぐ行ったのちに、漢文の文体《カキザマ》にも習熟し、正式な文章といえば漢文のことと誰もが思うようになる」とも書かれています。それが、まさしく、古代の人々の文字（漢字）体験の実際であったのだろうと思われます。

小林秀雄は、右のように述べた後、そこまでやってみて、はじめて自国語のすがたが知

＊4　詳細は稲岡耕二編『声と文学──上代文学へのアプローチ』（塙書房、一九九九年）を参照。

＊5　小林秀雄『本居宣長』（新潮社、一九七七年）

識人の反省的意識にはっきり映じてくるのだと想定しています。漢字の扱いに熟練するというそのことが、漢字は日本語を書くために作られた文字ではないという意識を磨《と》ぐことでもあっただろうというのです。

宣長の、先にあげたような判断は、漢字漢文の模倣という知的訓練ともいうべき道を、まだ十分に行きもせぬうちに、つまり漢字の扱いに熟練もしないうちに、日本語を書くために作られた文字ではないという意識のみ先取りして、仮想されたものであることが明らかでしょう。

平川　なるほど、日本語・古語を記すための国字の必要性を実感するには、漢字、文字の有効性が真に実感できるレベルまで熟達していないといけない、というわけですね。それは、いつごろとお考えですか。

稲岡　「人麻呂歌集」古体歌（略体歌）から新体歌（非略体歌）への歩みを見てまいりますと、ほかならぬ人麻呂の時代、つまり七世紀後半になって漢字と日本語との関係がはっきりと反省的に意識され、自国語の形のままに漢字で表現することが求められるようになったことがわかります。そして、人麻呂の方法的工夫の影響を受け、人麻呂作歌とほぼ同じ書式でそれ以前の初期万葉歌が書かれているのを見ますと、人麻呂以前にはそのような徹底した訓練も工夫も、行われなかったのだと考えざるをえないのです。

さらに、天智朝に漢詩文がさかんに作られたということを先に申しましたが、そのことにも注意したいと思います。当時の漢詩文がどの程度の物であったかについて、小島憲之さんは、大部分はうわすべりした内容の詩が多く、いわば＊1懐風藻《かいふうそう》文学以前というべきだっ

＊1　『懐風藻』は七五一年に成った現存最古の漢詩集。近江朝から奈良朝に至る間の詩一二〇編を収める。作者としては大津皇子・石上乙麻呂［いそのかみおつまろ］、大伴旅人・藤原宇合［うまかい］などが有名。

たろう、と記しています。[*2] 大友皇子の「侍宴」[*3] 詩や「述懐」詩を、後の詩と比較してみましても、そうした批評が当たっていると思われます。天智朝の詩の水準から判断しましても、はるかに遡った時代から、日本人の手で漢詩文がさかんに作られていたと推測することはできないのです。

漢字は視覚的な記号として、表意性の豊かなものです。漢字の魅力に惹かれ、漢詩文の模倣に努めた人達が、『文選』等の詩に匹敵するような歌を作ろうと考えた時に、漢字本来の表意性を活かした、漢詩を思わせるような書き方を採用したとしても、不思議ではないでしょう。むしろ、はじめから宣長の『古事記伝』に想定したような「古語のまま」の、表意性とかかわりのない音仮名書きのやまと歌が創造されたとするほうが、不自然でしょう。

「人麻呂歌集」古体歌は、漢詩の模倣制作からすすんだ、漢字による日本語の歌の最初の形が、漢詩風の骨格をしたものであったことを教えてくれます。

平川　和歌の世界で、漢字漢文を真に体験し、自国語表記のための工夫を初めて試みたのが人麻呂だった、ということですね。では、人麻呂が現れる前というのは……。

稲岡　「人麻呂歌集」以前の、いわゆる初期万葉の作品は、文字以前の「声の歌」であったわけです。

たとえば額田王《ぬかたのおおきみ》や中大兄《なかのおおえ》の作品を「声の歌」であったと認めるということは、具体的にどういうことか、十分に考えてみる必要がありましょう。それは単に、制作する時に、文字に書かれたものでなく、音声を用いて謡われていたということだけを意味するのでは

＊2　小島憲之『萬葉以前―上代びとの表現―』（岩波書店、一九八六年）

＊3　『懐風藻』の中に、

五言　侍宴　一絶

皇明光日月　皇明《こうめい》日月《ひつき》と光《て》らい

帝徳載天地　帝徳天地《あめつち》を載せたもう

三歳並泰昌　三歳並びに泰昌

万国表臣義　万国臣義を表す

五言　述懐　一絶

道徳承天訓　道徳天訓を承け

塩梅寄真宰　塩梅真宰に寄る

羞無監撫術　羞ずらくは監撫の術無きことを

安能臨四海　安《いづくん》ぞ能く四海に臨まん

（原文は漢文のみ）

など、中国の詩作に模して作られたものを見る。

ありません。

アフリカなどの無文字社会を調査された文化人類学の成果[*1]を参照して考えますと、音声によるコミュニケーションは、概念化された意味より、情動的な伝達力をつよくもっており、相手を「巻きこむ」ようなかたちで伝達が行われることが多いのです。かつて金田一京助は、文字に記したユーカラではわからない上演の現場の模様を報告してもいます。

元々ユーカラは、謡い手と聴き手とが、一つのリズムの中に融け合って、謡い手と同じように聴衆も、手に手に撥《ばち》を握って、一緒に座席を叩いて調子を合わせながら、感動を叫びに発して、盛んに謡い手に気勢を添え、ために、怒濤のように、大きなコーラスを現出しながら進行するものである。ちょっとその場へ入ったのでは、どれが謡い手であるか、わからないくらい。

（金田一京助「口承文学[*2]としてのユーカラ」より）

ユーカラがそうであるように、文字に記録され残された作品であっても、もともとは、文字には全くかかわりがなく、謡われ、演劇的所作をともなって伝えられたと推定される作品は、『万葉集』の中にも見出されるでしょう。

たとえば巻一の雄略天皇御製が、それにあたると思われます。

籠《こ》もよ　み籠《こ》もち　ふくしもよ　みぶくし持ち　この岳《おか》に　菜摘《なつ》ます児《こ》　家告《の》らせ
名告《なの》らさね　そらみつ　山跡《やまと》の国は　押《おし》なべて　吾《われ》こそ居《お》れ　しきなべて　吾こそ坐《いま》

＊1　川田順造『口頭伝承論』（河出書房新社、一九九二年）

＊2　『文学』一九三四年二月号（岩波書店）

せ　吾にこそは　告らめ　家をも名をも
（巻一・一）

これを演劇的所作あるいは舞踊などをともないつつ謡われたものとする注釈書が多く見られるように、「コモヨ　ミコモチ　フクシモヨ　ミブクシモチ……」という、不定型の、三、四、五、六と音が一句ずつ速まるリズムが、岡べで菜を摘んでいる処女《おとめ》の姿態を自然に感じさせるのは、不思議なほどです。

ここに考えあわせなければならないのは、文字に定着するまでに、どれほどかの曲折を経ているにしても、こうした文字以前の「声の歌」を文字に記すことは、「声の歌」を「声の歌」ならざるものに変革することにほかならなかったという点でしょう。豊かな想像力をもって、初期万葉歌を文字以前の状況にかえして味わってみなければならないと考えるのは、そのためです。

額田王の蒲生野《がもうの》の歌、

あかねさす紫野《むらさきの》ゆき標野《しめの》ゆき野守《のもり》は見ずや君が袖振る
（巻一、二〇）

も、文字の歌として書かれていますから、それをまず読むことを通して、天智七年（六六八）五月五日の遊猟後の宴席で、参加した人々になりかわって、額田王が謡った状況を私たちは想像してみる必要があります。人々は、額田王とともにこの歌のもつ情動性、多少の媚態を含みつつ男性を魅惑する声のひびきを楽しんだのでしょう。そうした集団で共有される歌の作者としての額田王を考えることが必要なのです。「相聞歌《そうもんか》」[*1]ではなく「雑歌《ぞうか》」[*2]の部にこの歌が収められている秘密を解き明かすことにもそれはつながるはずです。

◆題詞の発達

平川　歴史の文献を読む時もそうですが、文学を読み解く時にも、その時代に返して読んでいく、というのは重要なことですよね。ところで、和歌の文体・表記が変わっていった時、歌の性格も変わっていくのでしょうか。

稲岡　「てにをは」を書いた歌、「人麻呂歌集」の新体歌になりますと、ある場合には題詞[*3]が付いております。「宇治川のほとりで詠んだ」とか、「どんな場所で詠んだ」か、そういうようなことが書いてある場合があります。作者・場所・時間、そして作歌の事情などを、題詞に記さなければならなくなったということは、口誦の歌から記載の歌へ、声による発信から文字による発信への大きな変化をものがたっていると、申しあげてよいでしょう。

音声による歌は、人の集まった場所で、声の届く範囲で集団的に享受されるものです。その場合、いつ、どこで、誰が謡ったかというようなことは、自明なことですから、ことさら説明を要しないでしょう。額田王の近江遷都の時の歌を、文字にうつしたものを読んでも、かんじんな遷都のことや、どこで謡われたかということが明らかでないのは、声の歌だったからです。これに対し、文字で書かれた歌の読者は、作者と同じ時、同じ場所にいるのではなく、自由に、いつ、どこででも読むことができます。そこで文字による発信

*1　「相聞」とは、中国では親しい人々の間で互いにその消息を尋ねあうことを意味する語であるが、『万葉集』ではそれを雑歌・挽歌と並ぶ歌の内容による分類をあらわす部立名のひとつとした。恋の歌をはじめ、親しい人同士の贈答歌を広く「相聞歌」と称する。

*2　挽歌・相聞歌とともに歌の内容による分類をあらわす部立名のひとつ。宮廷讃歌、国見・遷都・狩猟などの行事に関する歌、旅の歌、春夏秋冬の四季の歌などを含む。

*3　歌の前に、その歌の作られた事情などを記した言葉。詞書。

者は、作歌の事情や、時間・場所などについての情報を加える必要があるのです。そのかわりに、文字の情報は不変性や大きな効率を獲得することになります。

特に目立つような例をあげておきましょう。先に申しましたとおり、声の歌の場合は、集まってこれを聴く人々に共通の知識としてあることは、表現しないでもわかるので、しばしば省略することができます。たとえば、有名な中大兄の三山歌《さんざんか》に、

香具山《かぐやま》と耳梨山《みみなしやま》とあひし時立ちて見に来し印南国原《いなみくにはら》　（巻一、一四）

香具山と耳梨山が争った時に、出雲の阿菩《あぼ》大神が出雲の国を出てここまで見に来たという印南国原がこれなのだ。

とあります。「立ちて見に来し」という動作の主体が表現されていませんけれども、多くの注釈書に、「出雲国の阿菩大神が見に来た」のであると、補って説明しております。

普通の文字の歌として読みますと、主語を略することは考えがたいところですから、強いて歌の中のことばにこれを求めて、「印南国原」を主体として読もうという説が出されたりもしましたが、主語すら省略している点に文字以前の声の歌の性格を認めるのが正しいでしょう。誰もが知っている伝説だったので、主語を省略してもわかったのです。そこにこの歌の古代性がありましょう。川田順造の言葉でいいますと、声による発信のもつ「状況依存性」ということになります。[*4] 逆に文字による発信は作者のおかれた状況とはまったく切り離されて受信者にとどけられますから、状況の説明がもとめられるのです。

＊4　一八四頁脚注—前掲書

歌の中の自然の情景描写などが細かくなることも、声による発信から文字による発信への変化にかかわるところが少なくありませんが、それには中国漢詩文の表現の影響も大きいと考えられますので[*1]、ここでは深入りせずにおきましょう。

*1　稲岡耕二「家持の「立ちくく」「飛びくく」の周辺—自然の詳細描写試論」(『万葉集の作品と方法』岩波書店、一九八五年)

◆表記の変化と時間意識

稲岡　集団の歌から個の歌へ、という和歌の「場」の変容のほかに、文字との関わりで私が注目している点として、「時間の表現との関係」があります。たとえば、「人麻呂歌集」の中でも最も人麻呂らしい歌だといわれております、

　痛足河《あなしがは》　河浪立奴《かはなみたちぬ》　巻目之《まきむくの》　由槻我高仁《ゆづきがたけに》　雲《くも》居立良《ゐたてるら》志《し》　（巻七、一〇八七）

　今、痛足河を見ると、河浪がひどく立っている。恐らく巻向山の一つの峯である弓月が嶽に雲がしきりに起こっているとみえる。

という歌があります。人麻呂の見ている自然が生き生きと、——茂吉は写生的な歌と評していますが[*2]、写生的かどうか厳密な検討を要するでしょう——、人麻呂が詠《よ》もうとした自然が、生き生きと動的な形で私たちに伝わるようになっています。自然を刻々に変化するものとして詠むようになる、こうした詠み方の変化は、どこに原因があるのでしょうか。

もちろん文字の歌になったことが大きな原因なのですが、その理由の一つは時間の意識およびその表現の変化にあるといってよいと思います。

*2　一八〇頁脚注—前掲書

わが国で、川の流れのように直線的に流れ去って二度と戻らない、そういう時間を詠んだ最初の歌人はだれだったかといいますと、柿本人麻呂です。ヨーロッパはすでに、ギリシャ時代にアリストテレスやアルキメデスに時間を直線で表示する傾向があったようです。[*3] あるいは、中国大陸では紀元前、孔子が川を眺めながら「逝《ゆ》く者はかくの如きか、昼夜を舎《お》かず」、といったことが伝えられています。[*4] この孔子の言葉は必ずしも時間に限定される意味ではないのですが、以後の詩人たちが盛んにこの言葉を引いては、「時間というものは流れ去って、もう二度と返ってこないものだ」と嘆いております。そういう漢詩の影響を受けまして、人麻呂が、新体歌以後、「てにをは」を文字化するようになるとともに、

往川之《ゆくかはの》　過去人之《すぎにしひとの》　手不レ折者《たをらねば》　裏触立《うらぶれたてり》　三和之檜原者《みわのひばらは》　（巻七、一一一九）

往く川のように過ぎて帰らなくなったあの人がもう手折ることをしないので、しょんぼりとかなしげに立っている、この三輪の檜原は。

ですとか、あるいは吉野を詠みまして、

雖レ見飽奴《みれどあかぬ》　吉野乃河之《よしののかはの》　常滑乃《とこなめの》　絶事無久《たゆることなく》　復還見牟《またかへりみむ》　（巻一、三七）

いくら見てもさらに心ひかれる吉野川の常滑のように、絶えずいつまでもここにやって来よう。

＊3　大森荘蔵『時間と自我』（青土社、一九九二年）

＊4　『論語』子罕篇に、「子在川上曰、逝者如斯夫。不舎昼夜。」とある。

有名な吉野讃歌を作っています。これらの歌の中を流れている時間は、直線的に流れていって帰ってこないという時間です。しかし、人麻呂以前の額田王の歌、そのほかの歌では、このように流れる直線的な時間は感じられません。

人麻呂以後になりますと、いろいろな歌人たちが人麻呂と同じように詠んでいます。たとえば巻五の山上憶良の長歌、

世間能《よのなかの》　周弊奈伎者能波《すべなきものは》　年月波《としつきは》　奈何流ゝ其等斯《ながるるごとし》　……　（巻五、八〇四）

これは前にあげました人麻呂の歌などを受けまして、「年月というのは、流れるように過ぎ去っていってどうにもならない。この世の中で一番しようがないもの、何ともしようのないものは、年月の流れるように過ぎ去っていくことだ」、そういう嘆きをうたっております。さらにずっと後の時代になりますと、「ゆく河のながれは絶えずして、しかももとの水にあらず」、あの『方丈記』の[*1]鴨長明《かものちょうめい》の嘆きになるわけです。

このように、「てにをは」を詳細に書くということとともに、歌の中の時間の意識も変わっていったのだと考えられます。[*2]逆に申しますと、時間に対する意識の変化が表記の細密化をうながしたということになります。その流れて帰らぬ時間の中で、すべてのものが絶えず変化してとどまることがない、つまり無常であることを詠んだのが、

もののふの八十《やそ》氏河《うじがわ》の網代木《あじろぎ》にいさよふ波《なみ》の去《ゆ》く方知らずも　（巻三、二六四）

＊1　一一五五?〜一二一六。鎌倉時代の歌人。『方丈記』は一二一二年に執筆された随筆。

＊2　稲岡耕二「持統作歌と不可逆の時間」(『上智大学国文学科紀要』第十五号、一九九八年三月)ほか

＊3　→一六〇頁

（もののふの）八十氏を思わせる宇治川の網代木にかかってしばしためらっている浪はどこへ行くのか、その行く方も、わからない。

という人麻呂作歌でしょう。『日本書紀』にも記されていますように、天智十年（六七一）から、わが国では漏刻《ろうこく》が動き出し、正確な時が告げられる時代が来ます。同じころ、歌の世界でも、時間の観念が直線的に流れるものに変わります。新しい時間を文学の上で作り出していったのです。ただ漠然と観念しているだけではなくて、漢詩文や仏教思想等の影響を受けて、表現の上で創造していったわけです。

平川　先ほど和田さんから、この天智朝に次ぐ時期に、『日本書紀』という歴史書の編纂や、法の規定作業が行われたというお話がありました。*3 文学の世界でも、政治などの世界でも、文字を書くことに関連して、意識の根底に関わる大きな変化があり、新しいことが始まっている。それが、七世紀後半から八世紀前半だと考えられるわけですね。中国大陸あるいは朝鮮半島の影響が、熟したといいますか、日本の文化の深いところまで達した、それがこの時期なのではないでしょうか。

◀漏刻施設の想像復元図。漏刻とは容器内の水位を一定の速度で変化させ時間を計る水時計のことで、そのしくみは中国から伝来し、日本では六六〇年に中大兄皇子がはじめて作ったという。奈良県明日香村の水落遺跡は遺構の状況から漏刻施設だったと考えられている。（国立飛鳥資料館『飛鳥の水時計』より、穂積和夫氏・画）

土器に墨書することの意味

◆八世紀以降の「墨書土器文化」

平川　さて、話を土器に戻しましょう。はじめにお話ししたのは、二〜四世紀という非常に古い段階の、各地で一点・二点と出土している刻書や墨書の土器でした。実は、本当の墨書土器文化は、つまり墨書土器の量が一番多くなるのは、八世紀以降になってからなのです。水野さんなどがこの分野の先駆者の一人なのですが、私が最近考えているのは、八世紀段階の墨書土器、これは恐らく、文書行政の延長線上でしか考えられないのではないか、ということです。

つまり、縄文、弥生の時代から神にいろいろな願いをしたけれども、それを神に文字で伝達するということはなかった。しかし、八世紀以降、奈良時代になると、神に対する言葉を書いたと思われる墨書が多く現れてきます。自分の本貫地《ほんがんち》、つまり、戸籍上に登録された里の名前から、自分の名前、さらに年月日まで書き、それを神に進上する。戸籍、年号、これこそはまさに文書行政そのものの延長です。つまり、そういうものに携わった人間が主体的に奈良時代の墨書土器をリードしているのではないかというふうに私などは考えております。水野さん、そのあたりはいかがですか。

◆神に伝えるための文字

水野　この時期の墨書には、いろいろな形があるんですけれども、たとえば人面墨描土器という土器があります。胡鬼の顔を描いた土器です。こうした鬼面墨描土器は、中に息をふきこみ、我が身の穢《けが》れや病《やまい》、罪や災いをこの小壺の中の物実《ものざね》（小石・玉・餅・人形《ひとがた》など）にとりつけ口を紙で封じ川に祓《はら》い流す、祓《はら》いの「贖《あがない》の小坩《こつぼ》」と呼ばれる壺です。近畿地方ではこうした鬼面墨描土器には文字は書かれていないのですが、関東、東北地方、わけても千葉県ではなぜか文字がたくさん書かれています。平川先生の独壇場になっています。たとえば千葉県の一例ですが、鬼面墨描土器に「村神郷《むらかみごう》」という地名と「丈部国《はせつかべのくに》依《より》」という人名、ついで「甘魚《あまな》」と読まれていますが私は「奠」という字かもしれないと思いますが、そういう文字が書かれています。この場合は、村神郷の丈部国依がこの土器に甘魚（奠《テン》）を納め、これに国依の穢れ、病をつけ、これを封ずる祓いを行ったという意味になるかと思います。

また、「廣友進召代弘仁十二年十二月」と書くものがありますが、これは弘仁十二年（八二一）十二月に「廣友《ひろとも》」が召されている

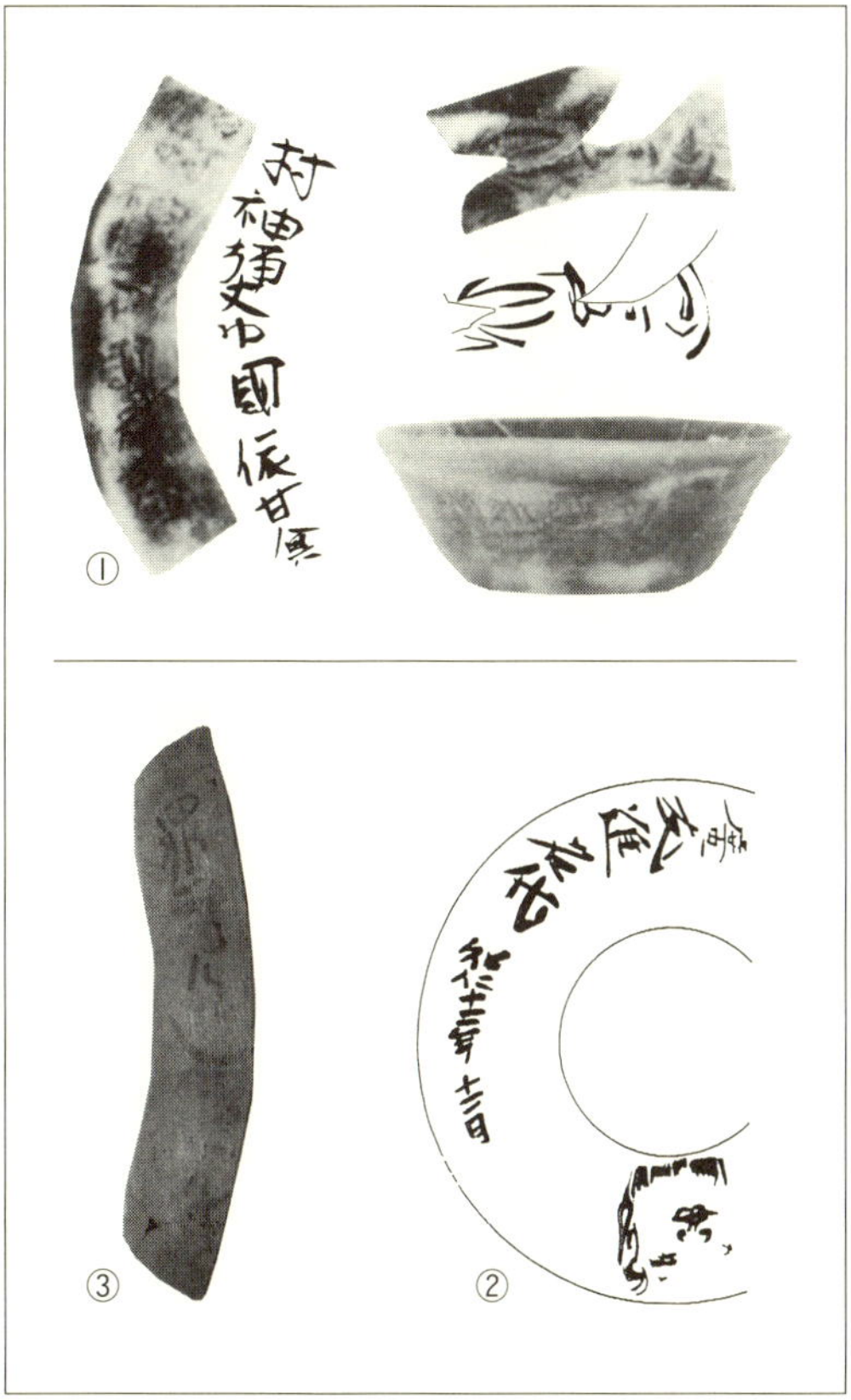

◀いずれも千葉県内出土の墨書土器。九世紀前半の坏。①人面（内面）と「村神郷丈部国依甘魚」（外面）。権現後遺跡出土。／②「廣友進召代弘仁十二年十二月」と人面（外面）。弘仁十二年は八二一年。上谷遺跡出土。／③「罪可進上代」（外面）。久能高野遺跡出土。（①②八千代市教育委員会提供／③富里町教育委員会提供）

人形「代」を進めるという内容です。つまり、「廣友」という人が、穢れや罪を移した形《かた》代《しろ》を土器に入れて召にこたえ進めるということでしょう。

一方、「罪司進上代」という一文が見られる墨書土器もあります。これは「罪司《つみのつかさ》」に本人に代わる人形《ひとがた》「代」を皿に入れて進める——進上するということですから、「私は罪を犯し穢れにふれているので、その罪を贖うために皿に私の人形代をそえて、罪司に進上する」という意味ですね。

ここに出てきます「代」の字は、自分が知らず知らずのうちに罪を犯してしまったり穢れが身についている、そこで祓いをする、その時に出す贖いもの、それが「形代」・「代」と呼ばれているのです。そういう贖いのものを神々に進上することで犯した罪や穢れをお許しいただきたい、祓いを行い祓い流したいということになるのだろうと思います。

こうした祓いは、国家としては、大祓《おおはらえ》といって、国郡里に命じ、六月、十二月晦日《みそか》に全国一斉に行われる祭りがありました。また、時には個人（官人）が病に臥せたり触穢した場合にその病や穢れを祓い流す臨時の祓いもあります。行政的な性格が極めて濃厚な儀式であり、行政を反映する文字・文章だと思います。文書行政の一端が反映しているということができるだろうと思います。

平川 そうですね。この最後に取りあげた資料の時代、つまり八、九世紀ごろに、日本での墨書土器は、神々に対して文字をもって伝達するという形になっていく。

漢字の始まりはもちろん中国にあります。紀元前一三〇〇年から一〇〇〇年、殷《いん》の時代のいわゆる「甲骨文字」は、神との対話、神の意向を聴くための記号でした。一例をあげ

れば、

癸丑卜永貞旬亡禍

みずのとうしに占いをして、占い役が問うた。これから十日間に王に禍はありませんか。

という卜骨がありますが、初めて文字で記しているのは「神に問いかける」行為なのです。

このように中国大陸では、神への奉仕から文字が最初に書かれ、やがてそれが権力の象徴や政治の具になっていきました。一方日本では、外交から次第に内政へ、常に政治の中で文字が用いられ、最後にとうとう神への伝達で文字が使われるようになる。文字の役割がたどってきた道が逆なわけで、両者のすがたの違いは、文字の本質を考える上で大変象徴的ではないかと思います。

5 古代日本における文字の習熟度

律令体制のもと、文字の世界は私たちの想像以上に質・量とも大きく成長していたことが明らかになってきた。しかし、実際にどの程度の人々が文字に携わり、どの程度使いこなしていたのだろうか。考古資料をはじめとする当時の人々の筆跡から、実際の文字の使用状況を検証する。

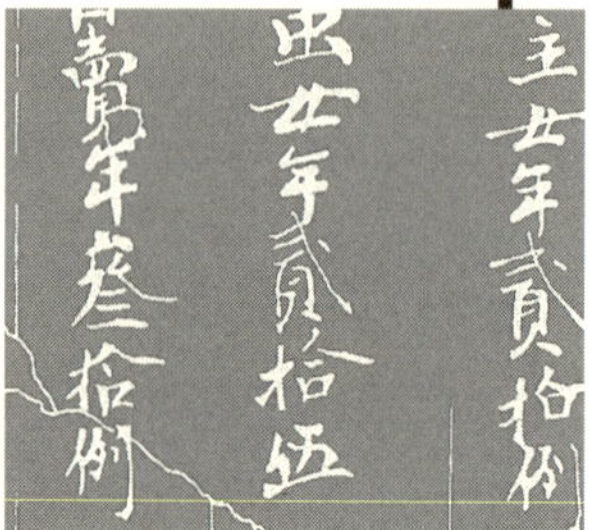

古代社会における文字文化の広まり

◆「書くこと」「読むこと」の広まり

平川　ここまで駆け足で見てまいりましたが、極めて簡単にまとめてみますと、まず中国からきた漢文の文書の意味を理解するところが第一段階。次第に学習を重ねて自分たちも漢字・漢文を書くようになった、これが第二段階。行政の仕組みも中国風に整えられる中で政治の場や経済の場で文字の使用が広まると同時に、日本語風にくずして書かれた和風の漢文が見られるようになるのが第三段階。この段階では、日常の会話を記録することなどはまだ難しかったのでしょう。

ところが、漢字の知識がさらに増え、記録することの重要性が認識されるとともに、自分たちの話す日本語を記録したいという欲求が出てくるようになる。もともと文字を持たなかった日本人も、この段階まで来ると漢字の知識を相当持つようになり、かなり下級の役人でも結構漢字を使えるようになってきているわけですね。

さて実際、この当時に、「書くこと」「読むこと」に関わり、使いこなせた人々はどの程度いたのでしょうか。木簡やその他の史料からみて、政治の世界ではいかがですか。

和田　七世紀後半になって律令国家体制が確立するようになりますと、国家行政に携わる官人たちは、文字を書き、読みこなせるようになっていました。学令《がくりょう》[*1]の規定により、都の大学で学び、漢籍を読めることが官人として出仕できる基本的な条件でした。地方でも国学が設置されており、同様な状況でした。したがって全国の行政組織につながる官人やその周辺の人達の間で文字は浸透していったわけですが、大化前代の状況はまだよくわかっていません。文字の先進国ともいうべき朝鮮半島から渡来した人々の間には文字が早くから受容されていますから、それらの人々の間から、倭国語（日本語）を漢字で表記し、漢文脈のなかで表現することが始まったように思います。推古朝[*2]の遺文に、そうした傾向を看取できます。

平川　しかし、思うようにすらすらと、というわけにはなかなかいかなかったようですが。文学の世界ではいかがでしょう。

稲岡　『万葉集』の中で、身分の高い人から低い人まで大勢が集まって、その場で歌を文字に書き残した、と確実にいえるような例は、それほど多くはないと思います。が、たとえば、巻五の梅花の宴の場合などは、それにあたるだろうと私は考えております。有名な大宰帥《だざいそつ》大伴旅人、筑前国守山上憶良、観世音寺別当《べっとう》沙弥《しゅみ》満誓《まんせん》など、代表的な知識

*1　学制を規定した大宝・養老令の編目。博士の任用規定から学生の日常生活の規範まで、大学・国学の制度全般を定める。

*2　→一三〇頁

人を中心に、大弐紀男人《だいにきのをひと》、小弐小野老《しょうにおののおゆ》から薩摩国の四等官や、位のない小野国堅《おののくにかた》や土師御道《はにしのみみち》まで三十二名が参加してひらかれた旅人邸における新春の宴会は、当時の九州治政の重要な人々をあつめた豪華なものでした。列席の人々に、主人旅人は中国の落梅の詩篇に倣《なら》って園の梅をやまと歌に詠もうと呼びかけました。

この時旅人の書いた漢文序は、中国の詩序*1に倣ったものでしたし、梅そのものも舶来の植物でしたから、この宴会の中国趣味の濃厚さは疑いないところです。

しかも、この日の歌の披露の仕方も、集まった人たちの漢字漢文に対する知識の程度を反映して、それ以前にはなかったような知的緊張を与えるものだったように思われます。序文を旅人が詠み終わると、最上席の大宰大弐にそれを記した紙がまわされ、自作の歌の披露とともに、これを一字一音の音仮名で記すというようなことが、行われたようです。そのように梅の花の歌が次々にうたわれ、記されていった状況を想像することができます。

参考までに、この時の旅人の歌の原文をあげてみましょう。

和何則能尓《わがそのに》　宇米能波奈知流《うめのはなちる》　比佐可多能《ひさかたの》　阿米欲里由吉能《あめよりゆきの》　那何列久流加母《ながれくるかも》

（巻五、八二二）

後世の歌会のように特定の記録者がいて、それぞれの歌を一人で書きとめたというふうに考える人もあるようですが、それにしては、梅花歌群の記録に動員された仮名字母*2は一三〇種をこえるほどの多数にのぼりますし、同じ音の表記に同字をくりかえし使用する傾

*1　詩賦の前につけた序文。梅花の宴の時、旅人の参考にした「蘭亭序」の場合は、宴の行われた時・所・会の目的などが記されている。

*2　仮名・梵字・ローマ字など、ある言葉を表記するのに用いる表音文字を「字母」という。『万葉集』の場合は漢字の音を利用した音仮名と訓を利用した訓仮名がある。例示した旅人の歌は、和・何・則・能「わ・が・そ・の」など二十五種の音仮名で書かれている。

向の歌がある一方、極力それを避ける傾向の歌も含まれています。また濁音の表記に特殊な性格を見せる歌も見えますから、それぞれの作者の文字遣いが残されていると考えた方が自然なのではないかと思われます。

やまと歌を一字一音の音仮名で記すスタイルは、記紀[*3]の歌謡の書き方を連想させるでしょう。『万葉集』では、憶良・旅人の歌を中心とする巻五に初めて登場する新しい様式です。太宰府という対外折衝の中心地で行われた、中国文化に造詣の深い人々の集まりだったからこそ可能だったこととともいえるでしょう。そこに天平の文字文化の一つのすがたが見られますし、やがて平仮名や片仮名を生んでゆく素地も見出せるはずです。

なお、[*4]東歌《あずまうた》[*5]や防人歌《さきもりうた》も一字一音の仮名を主として記されていますが、当時の東国の農民や防人が記したものとは、考えられません。

文字の習熟度

◆漢字を日本語に──文字の「質的」な習熟──

平川　さて、文字文化の広まりという問題と並んで皆さんが疑問に思われることかと思いますが、文字の習熟度がいったいどれくらいかということを考えてみたいと思います。この「習熟」という問題は、「筆順がでたらめである」とか、「誤字が目立つ」とかいうことだけではなく、もっと質的な習熟の問題が、特に国語学の立場からはあると思うんです。変体漢文にしても、ある程度漢字・漢文に熟達していなければ編み出せないものです

＊3　『古事記』『日本書紀』に収録された歌謡。合計二四〇首のほとんどはヤマトタケルや軽太子［かるのみこ］など特定の人物が、ある状況下で歌った物語歌となっている。所伝から切り離すと集団の歌謡として読みうる特徴をもつともいわれるのは、声の歌の「状況依存性」を示すだろう。

＊4　『万葉集』巻十四に収められた二三〇首に「東歌」の標題がある。東海道・東山道の国々、すなわち東国地方の歌を意味する。すべて短歌形式。作者の記載がなく、国別に分類されており、歌謡性が濃厚で、東国の民謡と考えられてきたが、新しい表現も見られる。

＊5　防人（岬を防衛する人）およびその妻・父などによって歌われた歌。巻十四に五首、巻二十に九十三首ある。東国方言を含み、実際に辺境守備に派遣された東国の防人たちの哀しみを伝える。

よね。犬飼さん、簡単にご説明いただいてよろしいですか。

犬飼　突然のご指名ですが、こういうことはあるかと思います。「鮎」という字がありますが、中国には「アユ」はおりません。ただし、「鮎」という文字はありまして、これは「なまず」にあたるともいわれておりますが、中国人の方にこれはどういう魚かと聞いても、私は知らないといいます。そういうことが実は日本の漢字にはたくさんございます。

平川　日本では、中国での漢字と違う意味をあてている、という例ですね。中国に「アユ」はいないので、日本で新しい漢字を発明するか、てきとうな漢字をあててやらなくてはいけなかった。和習《わしゅう》の問題にも触れていただけますか。漢字を日本語に、という話です。

犬飼　「和習」とは、漢文を書こうとしているけれども、そこに中国の古典文にはない、日本語風の文法や用語があらわれてきてしまうことを申します。法隆寺の薬師如来坐像光背銘文の「薬師像作」のように主に語順を指して申しますが、「アユ」のような例は単語レベルの「和習」ということになります。

　文法の面で品詞がかわった例もございます。「而」という字は中国語では接続詞でした。文と文の間に使ってつながりをあらわす単語でございます。古代の日本語は接続詞をあまり使いませんで、接続助詞を使って、文をあとへあとへと続けていくのが特徴でございました。で、この「而」を使って日本のことがらを書こうといたしますと、接続詞でなく、文のつなぎ目の接続助詞のところにあたるようになります。それで、変体漢文ではこの字が接続助詞の「て」を表すようになりました。*1 その早い例の一つが、先ほど申しました森ノ内遺跡の木簡の「舟人率而」でございます。

*1　たとえば「醸酒而献」という文の場合、中国語なら「醸酒。而献」となるが、日本語風に読めば「酒を醸［かも］して献［たてまつ］る」となり、「而」は接続助詞「て」にあてる。

*2　律令制下、税を課すための台帳として作られた帳簿で、毎年、各戸ごとに記された姓名と年齢から税を計算した。

◆誤字・脱字に見る習熟度

平川　文字の習熟について考えた場合、こうした質的な習熟、日本語を表記する文字としての漢字がどの程度こなれているか、という問題があります。もう一方で、先ほど申しあげたように「誤字」「筆順」など、単純な意味での習熟の問題がありますね。

かなり本格的に文書行政が始まった七世紀以降の資料、最近特にこういう木簡資料などの文字資料が増えてきたことによって、当時の人々が相当きちんと文字を書けるようになっていたと考えがちです。けれども、実際に、役所の中で書かれた帳簿、戸籍や計帳《けいちょう》*2などを見ていると、実に誤字が多い。たとえば茨城県の石岡市鹿《か》の子《こ》C遺跡出土の漆紙文書の中にある計帳などを見ていますと、郡の書生のような人が書いたのにもかかわらず、当時、役所では一番大事な数字の書き方が間違えていたりします。実際に都にいる、写経を本務とするような人たちも、誤字、脱字の繰り返しで、誤字は五つ間違うと一文《いちもん》、脱字は一字につき一文、脱行した場合には、一行につき二十文という罰金の規則があったほどです。脱行すること自体が、写経生が経典を読めなかった、ただ写すだけの作業であったということの象徴ですが、写経生は一日に七枚近く、三千字近くを写すと計算されています。そうすると、一日の賃金は七枚仕上げると三十五文。ところが、一行脱行するともう二十文差し引かれる。「写す」ということ

※ □は誤字

◀茨城県鹿の子C遺跡出土の漆紙文書。常陸国計帳の手実（住民台帳の申告書。実際は郡の書記官が作成したもの）で、八世紀末期ごろのもの。数字「捌（八）」がすべて「例」に、「柒（七）」が「陎」になるなどのほか、多くの誤字・脱字が見られる。（茨城県教育財団提供）

に専ら重きを置けば、このように、読めないが書き写せる、内容はわからぬまま書き写すので間違えても気づかない、ということになる。これを、「習熟していた」といえるかどうか。さらに、各地から出てくる土器に箆《へら》で文字を刻んだものがありますが、これを見ていきますと、筆順が違っているばかりではなく、字形が変化してしまっていたりします。これは文字としてきちんと把握して書いたというよりも、もともとの字形を離れて記号と化している例といえるでしょう。こうしたものの出土例から、「文字は地方でも広まっていた」と一概にはいえません。*1

それから、文字の習熟度というのは、誤字、脱字、筆順といったものだけでなく、資料を丹念に見ていくこと、表面的に量の普及を考えるだけはなくて、その内容をきちっと見ていくことが大切でしょう。先ほどの質的な意味での「こなれ方」というのも注意していかなくならないと思います。

犬飼　ただ、誤字というのも面倒な問題がございまして、例えば現代なら専門のタイプライターでもタイプの打ち間違えはあります。そういう問題が一方であります。

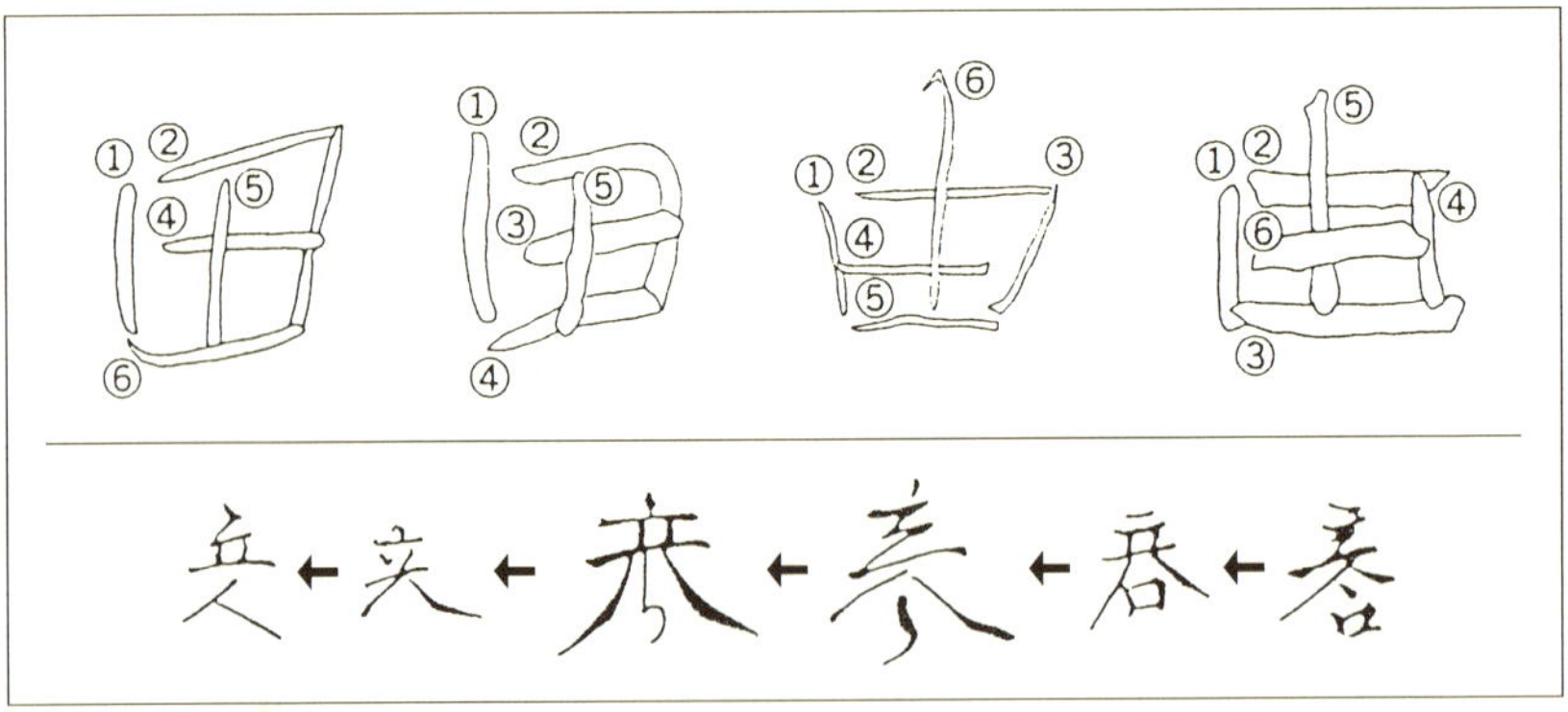

▲奈良・平安時代の資料より。
上：「田」または「由」の筆順模式図。四種類の筆順が観察できる。島根県玉湯町蛇喰遺跡出土のヘラ書き須恵器の例。（八世紀後半〜九世紀前半）
下：「立合」の字形変化。見よう見まねで転写を重ねるうち、「立人」となったと想定できる。千葉県久我台遺跡出土の墨書土器の例。（九世紀）

*1　平川南「古代社会における文字の習熟度は、どの程度であったか—調査の現場から—」（『国文学』一九九六年五月号、學燈社）

もう一つには、何をもって正しい字とするか、これが大変面倒な問題でございます。現在、漢字の基準というのは、中国の清代に作られた『康熙《こうき》字典』*2という字書、これを基本にしておりまして、大修館書店の『大漢和辞典』の漢字も、その『康熙字典』の字体を使っております。それが正しくて、あとは間違いだというふうに考えがちですけれも、それはそうではないので、いろいろな字体がございます。そういった問題も一緒に考えていく必要がございます。

平川　つまり今でいう異体字*3の話ですね。字体という話では、もう一ついい例があります。朝鮮半島から出た木簡の中に出てくる文字なのですが、「戊辰年正月十二日」の次の字は、いままでこれは「朋」という字と考えられていました。しかし、これは「明」の別の字形として通用しているもので、当時、日本の正倉院の文書などの中にも、こういう月を二つ書いたような書体の字があります。ですから、これは従来でしたら、誤字というふうに取ってしまったり、あるいは「朋」という字に取ってしまうんですが、これは「明」で通用していた字で、時刻を表したと理解されている文字です。

出土資料や文献史料でいろいろな字体が出てきた場合、それはどんな脈絡で出てきた字体なのか、イレギュラーな間違い、いわゆる誤字なのか、異体字として通用していたものなのか、そのあたりも気をつけて見ていかなくてはならないと思います。

*2　清の康熙帝が張玉書らに命じて編纂させた字典。一七一六年成立。四万字以上を部首と画数で分類、発音と意味の解説を付け、以後の辞書の規範となっている。

*3　一般に漢字の字体は、『康熙字典』をよりどころとし、そこで標準とされる文字を「正字」と呼んでいる。それに対し、「峰」と「峯」など字音も字義も同じだが字体が異なるという文字を「異体字」と呼ぶ。

◀朝国二聖山城一次貯水池出土木簡。冒頭の戊辰年は六〇八年か。（『二聖山城〈三次発掘調査報告書〉』漢陽大学校博物館叢書第十二輯より）

戊辰年正月十二日朋南漢城道使

須城道使村主前南漢城城火□

6 漢字文化圏の中の日本

大陸から漢字がやってきてから、幾世紀もの月日を重ね、漢字はもはや私たちの生活の一部となった。シンポジウムを終えるにあたって、各学問分野から文字伝来の意味と歴史を振り返り、日本の漢字文化の特質をあらためて問い直してみる。

平川 いよいよ時間も押してまいりました。ここまで、日本に初めて文字がやってきたころから、日本語を表記する文字として定着しつつある段階まで各分野の立場から見てまいりました。最後に、漢字文化圏全体を通しての日本の漢字文化の特質や、古代の文字について、それぞれの分野から展望などをお願いします。まずは考古学の立場から、水野さん、いかがですか。

水野 日本での文字の受けいれは、中国文化の受容が始まる弥生時代の最初、前三世紀にあることが確かめられるのは時間の問題だと思います。もちろん、受けいれる文字は漢字ですし、こうした漢字をもたらすのも漢人（韓人を含めて）であろうと思います。単に文字としてでなく文章として受けいれられるといってよいと思います。書籍や字書ももたらされているはずです。三世紀までは中国との国交が盛んですから直接の受容という機会も多くあったと思います。

四世紀になりますと、日本は朝鮮半島の動向もあり、中国に遣使することは難しくなり百済を介して中国の文化を受容します。洗練された漢文が百済からもたらされる中で道教世界も日本に伝えられるわけです。呪符や呪句なども日本に到来するのですが、こうした受容は天皇や官人間、渡来系の人々の間に限定的になされていたと見てよいと思います。五世紀は再び中国への通交が可能となり倭五王は宋朝に堂々たる漢文の詔をもって遣使しています。倭王武の上表文などを読んでいただくとその表現力のすばらしさに驚かれることと思います。上表文には漢人・百済人などの関与なり、典曹といった役所の参画があったと考えられます。六世紀は再び中国への道程が困難となり、朝鮮半島諸国との交流が中心となります。『隋書』[*1]には「仏法を敬す。百済に於いて仏経を求得し、始めて文字有り」という表現がありますが、たしかに百済から中国の文化を体現した百済文化――仏教が滔々と日本に流入し、官人層に深く浸透していく、経典、辞言の書のみでなく、文章、文字までもが、百済から装いを新たにして一斉に流入してくるのです。こうした一連の流れは文字世界だけでなく、その時代その時代の文物の動きと見事に重なり合っている、時代とともにあるということを物語るのだと思います。筆、墨、硯、削刀などの文房具もこうした波の中にあったことはいうまでもありません。

考古学は楽しい学問です。東北地方の発掘では奈良時代から平安時代に、漢字が深く浸透していることがはっきりして来ました。朝廷にまつろわぬ蝦夷の地域、たとえばその代表者でもありました跡呂井《アトロイ》[*2]の居村でも数多くの墨書土器が見いだされています。化外《けがい》の人

＊1 『隋書』倭国伝

＊2 岩手県水沢市神明町に「阿弖流為［アテルイ］」の居住を伝える「跡呂井［アトロイ］」の地名が残っており、八世紀以降の遺跡が集中している。

のようにいわれている蝦夷の地に極めて多くの——大和・河内以上の墨書土器が見られるのです。唐の則天武后の創《はじ》めました「則天文字」[*1]も圧倒的に東北北陸地方から発見されるのです。この地域に派遣されている官人や蝦夷の上層の人たちの間では、漢字への憧憬、習得率は非常に高かったように思えます。誤字もみられません。

日本列島全体の墨書土器、刻書土器、墨書文物を考古学は次々と提供することができます。今日、国語学や古代史の先生方のお話を承る中で、視点さえ定め合えれば考古学者も大いに発言することができると確信しました。新しい文字資料でもって国語学上の仮借や和習、敬語や文体論に積極的に参入し論議できるよう学問を育てたいと思います。

平川　続いて古代史の立場から、和田さん。

和田　日本列島にいつ文字が伝えられたのか、まだよくわかっていません。しかし先ほどもお話しさせていただいたように、「魏志倭人伝」によれば、邪馬台国女王卑弥呼の周辺にいた人々、たとえば伊都国にいた一大率のように、漢文を読んだり書くことができる、あるいは中国語を話すことができる人物が確実にいました。たとえば、上表文を持って宋に行った曹達は、その名からすれば、中国系の渡来人であり、倭国語と中国語を話すことができた渡来人が大和王権の中枢にいて、外交に従事していたことがわかります。

文字の伝来という点では、五つの渡来の波がとりわけ注目されます。四世紀初頭前後、五世紀後半の雄略朝、六世紀の継体から欽明朝、七世紀初頭の推古朝、七世紀後半の天智朝です。

四世紀後半には、先に少しふれました石上神宮の七支刀や広開土王碑の銘文からみて、

＊1　中国唐代の女帝、則天武后［そくてんぶこう］（在位六九〇～七〇五）が即位の年に制定した独特の文字。使用の強制によって武后自らの権威を示した。現在確認されているのは十七文字があり、日本でも東国の墨書を中心に発見例が多い。四三頁参照。

倭国軍が朝鮮半島に派遣されたことは確実です。そしてそのことと深く関わっているのですが、『古事記』や『日本書紀』によれば、*2倭漢氏《やまとのあやうじ》の祖と伝える阿知使主《あちのおみ》や、百済から王仁《わに》博士が渡来したとみえます。

雄略朝に今来漢人《いまきのあやひと》と呼ばれる人々が渡来し、飛鳥の地に居住して開発を進め、倭漢氏の支配下に編入されました。『日本書紀』の雄略七年条に、陶部《すえつくりべ》高貴《こうき》・鞍部《くらつくりべ》堅貴《けんき》・画部《えかきべ》因斯羅我《いんしらが》・錦部《にしごりべ》定安那《じょうあんな》・譯語《おさ》卯安那《ぼうあんな》らが、飛鳥の上桃原・下桃原・真神原に住んだとみえるのですが、譯語《おさ》のみえることが注目されます。*3 これらの今来漢人らの渡来は、高句麗の攻撃により百済の王都漢城が落ち、熊津《くまなり》に遷都したことと大きく関わっています。『日本書紀』の記述では、五人の今来漢人が渡来したとするのみですが、おそらくこの伝承の背後には、百済や伽耶から多くの人々が渡来し、今来漢人と呼ばれるようになった事実があったと想像されます。今来漢人は各方面ですぐれた技術をもった人々であり、大和王権は今来漢人を直接支配下におきました。こうした状況下で、大和王権内部では百済の支配組織にならって、杖刀人や典曹人といった「人制」を組織し、*4部民《べみん》を生み出していったと考えられます。今来漢人らが朝廷の記録や、倉庫の出納・管理などに従事したことから、王権内部とその出先機関で文字の使用が広がっていったのでしょう。

六世紀に入って、継体朝には百済から五経博士や諸博士が招かれます。これらの博士は南朝の*5梁《りょう》の出身者であり、南朝の文化を百済に伝えると共に、倭国にもそれを広めたのです。倭国において、実質的に文字が受容されたのはこの段階とみてよいかと思われます。六世紀中葉前後に、帝紀や旧辞*6の原形がまとめられたのも、文字が定着したことをう

*2 奈良時代まで檜隈［ひのくま］（奈良県明日香村桧前［ひのくま］）周辺を本拠地とした渡来系氏族。平安時代の初めには、後漢の霊帝の後裔と主張するようになるが、その故地は朝鮮半島南部の安羅［あら］（安邪［あや］）伽耶と推測される。漢氏の「アヤ」は安邪伽耶に由来するが、後に「漢」を「アヤ」と読み慣わすようになり、後漢の王室にその出自を結びつけたらしい。

*3 陶部・鞍部・画部・錦部はそれぞれ陶器・馬具・絵画・織物に従事したと思われる部民。譯語は「訳語」で通事ともいい、古代の通訳。

*4 部［べ］は大化改新（六四五）以前の大和王権下の支配組織で、中央で必要となる労働力や物資を調達するために設定された集団。部民には、王権に奉仕する職業部民や、王族・豪族が私有する部民などがいた。

*5 中国の南北朝時代の王朝の一つ（五〇二〜五五七）。初王武帝は倭と百済を重視したとされる。

*6 「上古諸事」のこと。一六〇頁脚注4参照。

かがわせます。こうした中国文化の受容は、百済からの仏教伝来も含めて、倭国が百済に対し軍事的支援を行ったことに対する、いわば見返りであったとみることができます。

六世紀後半の敏達朝から推古朝にかけて、高句麗からの使節が倭国に来るようになるのですが、これは六世紀後半に新羅が強大化したことと密接に関連した出来事です。新たに高句麗文化の影響が倭国に及ぶようになり、飛鳥文化にその一斑がうかがわれます。推古朝から遣隋使が、舒明《じょめい》朝からは遣唐使が派遣されるようになり、従来とは異なって、倭国の人々が中国の言葉や文字を学び、中国文化を直接、倭国に伝えるようになり、大きな転機となったのです。

平川 では次に、国語学の立場から、犬飼さん。

犬飼 先ほど基調講演でも申しましたが、漢字を日本語の文字として使いこなすにあたっては、音読み、訓読み、漢字の仮借から万葉仮名という三つのことが行われました。なかでも、ほとんどすべての漢字に訓読みがあるというのが日本語の大きな特徴でございます。それは、一つ一つの漢字の用法の問題にとどまりません。まず漢文を日本語で理解するために訓読し、次にはそのスタイルで文章を書いたのが変体漢文でございますが、その時初めて日本語の文章を文字で書き表わすことが可能になったと申せます。このシンポジウムで何度か話題になりました「和習」が、ある意味でキーポイントでした。

その時には、朝鮮半島からの影響が大きかったのは確実でございます。木簡の「前に申す」の形式とか、文末の「之」「也」の使い分けとか、漢字の古韓音とかを取りあげて申しあげた通りですが、日本語にとって大変幸運なことに、朝鮮半島の言葉は日本語と文法が同じでした。漢字に自分の国の言葉をあてはめて訓で読むのは、古代のエジプト文字を取り入れた地中海の古代国家でも同じ方法が行われましたし、古代バビロニアの楔形文字《くさびがたもじ》にも同じことがおきております。日本語の場合、助詞や助動詞を使って文を組み立てるのが文法の特徴でございますが、同じ文法の言語を漢字で書く経験が朝鮮半島で積み重ねられた後、日本語にその方法をあてはめました。変体漢文という日本語の文体がスムースに成立したのは多分そのおかげでしょう。さらには、助詞や助動詞を文字で書くために日本語専用の字が必要であるという事情が仮名を発達させたと申しても過言ではありません。

こうしたことを考えてまいります時に、七世紀以前の文字を書いた資料が続々と発掘されておりますことは、国語学の立場の者にとっても喜ばしい限りでございます。『万葉集』『古事記』『日本書紀』など、八世紀の文献にあらわれている言葉を私どもは上代語《じょうだいご》と呼ぶわけでございますが、そういういわば「ハレ」の文献の土台になっている言葉の状態を知るために、平城京のものをはじめとする木簡は大変役に立ちました。今、七世紀の木簡が出てまいりまして、『古事記』『日本書紀』などに書かれている七世紀の記事を検証することができるようになりました。『万葉集』の歌もおおよそ七世紀のものからはじまりますが、その時代の言語を検証する手がかりも出てきたわけでございます。今後は、六世紀以前の資料がもっと出てまいりまして、先ほどの稲荷山鉄剣の文字などを検証できるようになることを期待しております。

平川　最後になりましたが、国文学の立場から、稲岡さんお願いします。

稲岡　漢字を用いて、『万葉集』の歌や『古事記』の散文を書くことに、どれほどの努力と時間を要したか。私自身が三十年前には正しくは理解していなかったといってよいほどでした。「人麻呂歌集」の問題や、日本語表記の歴史を考えることを通して、徐々に漢字という文字と日本語との関係こそ、上代日本文学の基本的問題であることがわかってきたのです。

それにしても、口誦から記載への転換期の歌の様子を、これほどはっきりと、文字資料の中にとどめているということは、世界的にも珍しいだろうと思われます。初期万葉歌や人麻呂歌集歌、人麻呂作歌などは、今後の研究によって、さらにさまざまな特徴や、新しい事実が見出される可能性を秘めた宝の箱のようなものです。

そして、人麻呂のあとをうけた憶良や旅人が、漢文の序を付けた特殊な形式の長歌を作り、歌の部分を音仮名表記とする工夫を加えて独特の思想的な内容を表現したのも、つまりは、思想内容を盛るにふさわしい日本語を作り出すための彼らなりの方法であったのでしょう。同時に、そこには、漢字の束縛を離れた日本語そのものへの、熱い視線が感じられます。その視線のさきに、平仮名や片仮名があるわけです。『古今和歌集』の平仮名の歌は、憶良や旅人の仮名書きの歌に、そうした意味では直結しているといえるでしょう。

『万葉集』における歌人たちの仕事や、『古事記』の編述に注がれた安万侶《やすまろ》たちの情熱と力とを考えてみると、私は、彼等に感謝せずにはいられない気持になります。彼等が漢字・漢文を熱心に学習し、日本語を守り、育て、それにふさわしい文字表記を生み出すために力を尽くしたのを、実に尊いことと思うのです。

平仮名や片仮名の発明が、漢字文化圏の、ほかの国には見られない日本独自のものであるということも誇らしいことです。それと同時に、平仮名や片仮名が発明されてもなお、漢詩文を学ぶことをやめず、深い教養や知識のみなもとをそこに求めつづけてきたわが国の文化の歴史のふところの広さをあわせて考えずにはいられません。

そうした、高い文化へのあこがれともいうべき力が、ヨーロッパやアメリカの文化に向かってひらかれて行ったのが明治以後であったといってよいのでしょう。さまざまな文化、異質の文化と接触することによって、日本語そのものが磨かれてきたのです。「国際化」ということが強く求められる、これからの時代には、ますますそうした傾向も強まるのだろうと思われます。

おわりに

平川　ありがとうございました。では、最後になりましたので、簡単に司会の方からまとめさせていただきます。

日本列島のひとびとは、中国大陸との交流から初めて漢字を取り入れた。これは外交だけでなくて、恐らく政治的、経済的な意味合いで文字を取り入れたのでしょう。そして、現在の資料で知る限り、恐らく五世紀代には国内の政治で文字を使うようになる。次第に日本独自の工夫によって、さまざまな漢字が日本語に書き改められていく、あるいは日本語を表現する、日本語の語順に沿って書くという工夫がなされていき、『万葉集』のような「文学」まで生み出していく。この後に続くのは、平仮名や片仮名という問題ですが、今回は触れませんでした。

それから、今日もたびたび出ましたように、日本の文字文化を考えていく上では、朝鮮半島の文字文化というものも見ていく必要があります。木簡の話は詳しく取りあげましたが、石碑の問題でも、朝鮮半島にある石碑は、中国大陸の石碑をまるで写したようなものと、それから日本に二十数基ある石碑とそっくりなものがあります。木簡と同じく、石碑文化をみる時にも、日本と中国大陸だけを比較していたのではどうしても解決できない問題も、朝鮮半島を間にはさんで考えると理解しやすいということがございます。

いずれにしても、今日は古代史、考古学、国語学、国文学という立場の方々が集まって、初めてこのような日本の古代の文字文化についてのシンポジウムを行ったわけです。これは恐らく第一歩にすぎないかもしれませんけれども、各分野の成果をそれぞれ交換し合い、また、途中で意見を交し合いましたが、今まさに、我々の祖先の歩んできた道と文化について、さまざまな角度から重層的にとらえていかなくてはならない時期に来ていると思います。それぞれの学問で発見されたことが他の学問分野に大変大きな影響を与えるということは、今日のシンポジウムの中で十分ご理解いただけたと思います。

現在、漢字文化そのものが非常に危機的な状況にあると考えております。そういった点で象徴的なのが、たとえば暴走族が難しい漢字を好んで書く現象です。「暴走族と漢字」という現象について地方のある新聞に書いたことがございますが、なぜ暴走族が画数の多い難解な漢字をわざわざ選んで書くのかということと、先ほど水野さんがおっしゃったように、則天文字は都にはなくて、地方へ行けば行くほどもてはやされたこと、この二つは何か通ずるものがあるような気がいたします。ひょっとすると、我々の社会はこれから異なる意味での無文字社会に近い状態に向かっていくのではないか、その時には、何か漢字がとてもマニアックなものになってしまって、特殊なものとして疎外されていくのではないかという危機感が大変にございます。

やはり漢字は、我々の祖先が営々として苦心惨憺、ここまでのレベルに高めてきた大事な文化遺産であり、我々の基盤にあるものであるということを、改めて、今日、私自身も強く感じました。その点、皆さんにも是非痛感していただいて、これからの二十一世紀の文字文化はどうあるべきかということも併せて考えていただければと思います。

今日は本当に長時間、午後からびっしりと長い間お付き合いいただきまして、大変ありがとうございました。司会が不慣れで、時間も少し超過しましたけれども、これで今日のシンポジウムを終わりたいと思います。

どうもありがとうございました。（拍手）

あとがき

シンポジウムから、一年半の月日が過ぎた。全国の発掘現場からは、その後も続々と新しい成果が報告されている。文字にまつわる議論はまだまだ進展の途上にあり、今後に残された疑問・課題も多い。シンポジウム当日、ご参加いただいた聴衆の方々からいくつも質問事項を寄せられたが、いずれも我々と全く共通した疑問であり、日本の文字文化に対する深い関心が、幅広い人々の間に浸透していることを改めて感じた。

二〜四世紀の文字に関わる資料は、今後さらに時期を遡るものの発見も期待できるであろうし、それらの資料から日本列島における初期の文字文化の実態が明確になるだろう。なかでも弥生時代の人々が、一文字一文字をその意味を理解した上で表記したのかどうかを知ることができるかもしれない。一方、五世紀代の音・訓や文体などの問題を、国語学・国文学的に解明するためには、さらに多くの資料の発見が不可欠であるといえよう。

今後、考古学・古代史・国語学・国文学が、文字の問題を通じて議論しあい、列島各地から出土する文字資料と従来の文献史料を合わせて研究を進めるならば、おそらく〝古代日本の文字世界〟について、次のような重要な課題を解決することが可能になるであろう。

一、漢字が日本字化してゆく過程。

一、古韓音のみでなく、用字・文体・字形などに関しての朝鮮半島諸国の影響。

一、口頭世界に関しては、従来の宣命詔のみではなく、古代社会のさまざまな場における口頭伝達などの実態。

一、古代社会の行政や祭祀などにおいて、文字が果たした役割。

シンポジウム当日は、古代日本の文字文化に関する問題について、限られた時間であったために十分に議論し掘り下げることはできなかった。しかし、古代史・考古学・国語学・国文学など、それぞれの面から、古代日本における文字世界の全体像を浮き彫りにすることはできたのではないだろうか。本書が今後の課題を解するための一助、きっかけになれば幸いである。

なお、本書作成にあたって、シンポジウム当日に果たせなかった議論を大幅に補い、当日の発言に各氏それぞれ加筆した。また、大修館書店の北村尚子氏にはひとかたならぬご尽力をいただいた。心からお礼を申し上げたい。

平成十二年三月

平川　南

古代日本の文字世界

初版発行――2000年4月20日
三版発行――2001年9月20日

編者――平川　南
発行者――鈴木一行
発行所――株式会社大修館書店
〒101-8466 東京都千代田区神田錦町3-24
電話 03-3295-6231(販売部) 03-3294-2352(編集部)
振替 00190-7-40504
[出版情報] http://www.taishukan.co.jp

装丁者――井之上聖子
印刷所――壮光舎印刷
製本所――牧製本

ISBN4-469-23210-6　Printed in Japan